HOMBRE RICO
BANCO POBRE

HOMBRE RICO

BANCO POBRE

MARK J. QUANN
con JEFF COHEN

Los Angeles

RECONOCIMIENTOS

Ha sido una experiencia increíble escribir este libro los últimos cuatro años, y a veces sentí como que nunca iba a terminar En primer lugar quiero agradecerle a mi maravillosa esposa, Rebecca, ya que estar casada con alguien adicto al trabajo, emprendedor, asesor financiero y autor, a veces puede ser todo un reto. Siempre estaré agradecido por su apoyo infinito.

A mi amigo y coautor Jeff Cohen, quien dedicó su tiempo y energía para ayudar en la creación de este libro. No lo hubiera terminado sin su ayuda.

A mi consultor y amigo Mike Metzler por guiarme a lo largo del proceso de escribir mi primer libro, desarrollar un plan de marketing y por pasar todas esas horas en Starbucks ayudándome en cada paso del camino.

Para más obtener más información, ejemplares del libro, planes de descuentos corporativos, contrataciones para conferencias y medios de difusión:

Correo electrónico: info@richmanpoorbank.com

Blog: www.richmanpoorbank.com

INDICE

DESCARGO DE RESPONSABILIDAD RESPECTO A PUNTOS DE VISTA Y OPINIONES

Este libro se presenta exclusivamente con fines informativos. El autor no lo ofrece como asesoramiento sobre inversiones, contabilidad ni otros servicios profesionales. Aunque se ha puesto el mejor empeño en su preparación, el autor no hace declaraciones ni da garantías de ningún tipo y no asume responsabilidades de ningún tipo con respecto a la precisión o la integridad del contenido, y hace específicamente el descargo de responsabilidad respecto a lo apropiado que sea su uso para cualquier finalidad en particular. El autor no será considerado responsable, en términos legales ni de otra índole, ante ninguna persona o entidad con respecto a ninguna pérdida ni daños y perjuicios incidentales o consecuentes causados, o que se alegue hayan sido causados, en forma directa o indirecta, por la información aquí contenida.

La situación económica de cada persona es diferente, y la información aquí contenida puede no ser adecuada para su situación. Usted debe buscar los servicios de un profesional competente antes de comenzar cualquier programa financiero.

DEDICATORIA

*Para mis padres, Ray y Christine Quann, que
siempre me estimularon y pensaron que podría alcanzar
lo que me propusiera.*

INTRODUCCIÓN

Nací en 1977. Las cosas eran diferentes entonces. El costo promedio de una casa era aproximadamente $49,000 y el ingreso personal promedio era $15,000 al año. Un galón de gasolina costaba $0.60. El costo de vida aumentó alrededor del 6.5% ese año (lo que se conoce comúnmente como inflación), y los bancos locales pagaban alrededor del 5% en las cuentas de ahorro. Sí, cuando nací, los ahorros puestos en el banco crecían junto con la tasa de inflación, y todo lo que se necesitaba para tener más dinero era depositarlo en una cuenta de ahorro.

Los tiempos han cambiado.

Para entender cómo llegué a escribir un libro sobre la banca, es necesario que les cuente un poco sobre mí y sobre mi familia. Tengo 35 años al momento de escribir este libro. Aunque la mayor parte de mi familia vive ahora en el Sur de California, somos de Toronto, Canadá. Mi padre fue albañil. El terremoto de Northridge de 1994 motivó a mi familia para emigrar a California, donde fundamos una empresa para reconstruir cientos de chimeneas que se habían derrumbado durante la catástrofe.

Abandonamos la nieve y el frío por un clima más cálido, menos impuestos, capitalismo y una economía de mercado libre. Llegamos a la "Tierra del Sol y las Oportunidades" sin tener ninguno de nosotros la tarjeta verde. Al igual que tantos inmigrantes, vinimos como visitantes con la intención de quedarnos, listos y dispuestos al trabajo duro para alcanzar el sueño americano.

Tuvimos que empezar de nuevo, y, en mi caso, tener que preparar el concreto en la tierra del sol fue una experiencia de todos los días. El sol resultó ser ardiente, mucho más de lo esperado, y el trabajo, durísimo. Mi padre perfeccionó el arte de la albañilería y mi madre se ocupó de nosotros. Mi papá solía bromear conmigo: "¡Preparar la mezcla con 38 grados forja el carácter!".

Pronto decidí que ya me había forjado suficientemente el carácter y abandoné la empresa familiar para regresar a Canadá en búsqueda de una educación superior.

El retorno a Canadá fue mi primera entrada real al sistema bancario. Estaba haciendo una fila para llenar solicitudes de préstamos estudiantiles. En la siguiente fila nos acordonaron en un puesto donde miles de nosotros llenamos nuestra primera solicitud de tarjeta de crédito. "No se pierde nada con presentar una solicitud, y eso los ayudará a establecer su crédito", nos decían. Con cada solicitud, recibiríamos gratis una camiseta y una botella de refresco de dos litros. Como miles de otros estudiantes, llené varias solicitudes. Por desgracia, en ningún puesto explicaban el poder del interés compuesto.

A pesar de que fui a la escuela de negocios, no tuve ni una clase en la que me enseñaran cómo funciona realmente el dinero. De hecho, estudié muchas fórmulas estadísticas que eran complejísimas, pero no recibí nunca educación financiera para la vida real. Hoy en día, no atribuyo ningún mérito a mi educación superior por mi éxito económico, ya que no fue sino hasta que dejé la universidad que empecé a comprender verdaderamente el dinero. De hecho, ir a la universidad me hizo comprender mejor por qué el mundo sigue luchando, y por qué son tan pocos los que realmente triunfan en términos económicos.

Por último, cuando me gradué, mi asesor de carrera me aconsejó "Podrías considerar un puesto inicial en el banco por $30,000 al año, y luego subir la escalera corporativa".

"¿$30,000 al año? ¿Estás loco?".

Calculé el total de mi deuda y me di cuenta de que tardaría décadas en saldar mis tres tarjetas de crédito y préstamos estudiantiles. Me sentí estafado. Me habían embaucado para que acumulara una enorme deuda. La idea de trabajar para el banco, para pagarle la deuda al banco, para sostener un sistema de deuda perpetua me daba náuseas.

Dejé Canadá y volví a California. Poco después de establecerme en Los Ángeles, estaba en el vestíbulo de uno de los grandes bancos. Mis padres durante años habían sido clientes de un banco estadounidense de primera línea, y en muchos sentidos lo considerábamos nuestro banco familiar. Recuerdo que la cajera me sonrió y yo le devolví la sonrisa. No lo pude evitar, su simpatía era contagiosa. Ella estaba genuinamente feliz de ver que yo siguiera los pasos de mi familia: llegar a ser un "cliente valioso".

Mucho después descubriría que muchos empleados de los grandes bancos carecen de educación financiera como muchos otros trabajadores. Una ironía, pero es verdad.

En unos pocos años conocí a quien sería mi esposa, Rebeca, y logramos comprar nuestra primera casa, un condominio en Van Nuys, California. Y sí, garanticé mi primera hipoteca y observé cómo empezaba a subir mi puntaje crediticio al hacer cada pago. Y con los valores inmobiliarios por las nubes, pronto encontré una oportunidad de vender mi apartamento, para salir de las deudas. Con la venta logré saldar por completo todos los préstamos estudiantiles y las viejas tarjetas de crédito de Canadá. Fue un día fenomenal. Recuerdo la sensación maravillosa de girar el último pago por correo.

En ese momento ya estábamos en un apartamento de un dormitorio en Burbank, California, sin más ataduras económicas con Canadá.

Pero como tantos, al cabo de unos pocos años, me encontré con deudas aún más profundas. Estaba viviendo la ilusión del sueño americano; es decir, era un gran consumidor, gastaba mucho de mis ingresos en diversión y en mantener cierto estilo de vida, mientras iba cargando mis tarjetas de crédito y ahorrando dinero en el banco. Y antes que pasara mucho tiempo, habíamos comprado una casa más grande en Pasadena, y estábamos solicitando una línea de crédito con garantía hipotecaria para restaurarla. Y por esa época le debía dinero a varios bancos y compañías de tarjetas de crédito en Estados Unidos. Cada vez que abría el buzón, estaba lleno de ofertas tentadoras de más tarjetas de crédito, muchas incluso al 0%.

Sintiéndome cada vez más frustrado, reconocí que sería necesario preguntarme de maneras diferentes si alguna vez encontraría un camino real hacia la seguridad económica. Y lo que terminé descubriendo es que tenía capacidad de pensar fuera de los cánones establecidos. Las primeras preguntas que me hice me pusieron en la senda de una carrera completamente inesperada y, en definitiva, hacia la libertad económica.

Primero me pregunté "¿Por qué toda la educación que recibí sobre el dinero parece llevarme de nuevo a las deudas?".

Esa primera pregunta me inspiró a hacerme más, y tomé nota de ellas:

"¿Por qué el sistema necesita que los estadounidenses (o canadienses) se endeuden para establecer su crédito?".

"¿Qué hacen los bancos con el dinero que está en mis cuentas de ahorro?".

"¿Es un buen consejo llevar a los niños al banco para abrir una cuenta corriente y una cuenta de ahorro?".

"¿Qué sucede con el dinero cuando el banco ejecuta la hipoteca de una casa?"

"¿Es posible ahorrar dinero y establecer crédito, sin pedir préstamos ni ahorrar nunca en los bancos?".

"¿Dónde guardan el dinero los ricos, si no es en el banco?". "¿Por qué es necesario que el gobierno dicte normas para evitar que los bancos esclavicen con deudas a todos los estadounidenses?". "¿Por qué los grandes bancos se hacen más ricos año tras año, mientras que las familias estadounidenses se hacen más pobres?".

Para hallar respuestas a estas preguntas, decidí abandonar el sistema de la educación tradicional y empezar a leer libros sobre dinero, espíritu emprendedor, negocios, banca, deuda e inversión. Tenía el propósito de adquirir una educación financiera sólida, sin la ayuda de los bancos. Mientras más libros leía y más aprendía, más empezaba a comprender cómo funciona verdaderamente el dinero.

Mis lecturas hicieron que pusiera en duda mis creencias, y empecé a cuestionar todo lo que creía saber sobre el dinero.

Había encontrado mi pasión y deseaba aprender más. Surgieron nuevas preguntas y, con el paso del tiempo, empecé a encontrar claridad y un rumbo después de años de luchar con las deudas.

A lo largo de este libro intentaré responder esas preguntas, y compartiré además el recorrido imprevisto que me llevó a obtener mis respuestas.

Me reúno con cientos de familias todos los años y hablo acerca del dinero. Usted no está solo, si siente que no comprende el tema. Hoy en día, el dinero es uno de los temas que se presta a más malentendidos en el mundo. Para mejorar su comprensión, en varios capítulos presentamos a una familia que afronta responsabilidades enormes: tres hijos pequeños para cuidar, una pesada hipoteca sobre la casa, manejar tarjetas de créditos y préstamos para automóviles y gran parte de los ahorros en cuentas de ahorro y Certificados de Depósito (CD) en el banco. El perfil de esta joven familia es muy común en Estados Unidos, y es similar a los cientos de familias que he ayudado durante el transcurso de los años. Es probable que las preguntas de esta familia reflejen muchas de las suyas, y que le permitan entender con más claridad los conceptos que se exponen a continuación.

Cuando lea, comprenda y aplique la información aquí contenida, estará mucho más capacitado que el 99% de la población acerca del tema del dinero.

PARTE UNO

LA MATRIZ DE LA DEUDA

En tiempos de engaño universal, decir la verdad es un acto revolucionario.

–George Orwell

Chapter 1

LOS GRANDES BANCOS: UNA PERSPECTIVA GENERAL

Los poderes del dinero se alimentan de la nación en tiempos de paz y conspiran contra ella en tiempos de adversidad. Son más despóticos que un monarca, más insolentes que la autocracia y más egoísta que una burocracia. Denuncian, como enemigos públicos, a todos los que cuestionen sus métodos o saquen a la luz pública sus crímenes. Tengo dos grandes enemigo: el Ejército del Sur frente a mí y los banqueros detrás. De los dos, el que está atrás es mi mayor enemigo.

–Abraham Lincoln

Empecemos por echar un vistazo a la moderna banca de hoy, y veamos cómo ha cambiado desde que nací en 1977.

Hoy en día, los bancos más grandes de Estados Unidos están pagando un promedio de 0.05% en las cuentas de ahorro, y prestándole de vuelta el dinero que usted ha ganado con esfuerzo a tasas de interés del 10% al 24% o más altas. También usan sus ahorros e invierten para ganancia personal. Para empeorar las cosas, constantemente están buscando formas de cobrarle costos adicionales. Si su cuenta de ahorros cae demasiado bajo, le cobrarán un cargo. Si usted habla con un cajero, le cobrarán un cargo. Si su cuenta queda al descubierto, le cobrarán un cargo. Si usted usa el cajero automático equivocado, le cobrarán un cargo.

Ser cliente de los bancos grandes se ha convertido en el juego de "esquivar cargos", porque ellos cambias las reglas todas las veces que quieren.

Además de los costos bancarios, las familias que tienen deudas con tarjetas de crédito arrastran una deuda cercana a los $16,000, en promedio, con tasas de interés promedio del 16%. Si usted está leyendo esto y piensa "por suerte no tengo ninguna deuda con las tarjetas de crédito", eso sugiere que tal vez uno de sus vecinos cargue con $32,000 en deudas con las tarjetas de crédito, probablemente a una tasa de interés del 12% al 24%. Si su vecino paga $800 todos los meses durante los próximos cinco años, seguramente no habrá podido saldar la deuda, pero habrá pagado más de $20,000 en intereses.

¿Y a dónde van todos esos intereses? A los abultados bolsillos de los banqueros de Wall Street; nunca vuelven a nuestras comunidades. Si algo del dinero sí retorna, probablemente llegue por correo en la forma de cientos de ofertas de tarjetas de crédito "preaprobadas".

La conclusión que saco después de observar todo esto es que la gran banca ya no aboga por el capitalismo, en absoluto. Entendí que el sistema, en Estados Unidos (y en el resto del mundo), en realidad está corrompiendo el verdadero espíritu del capitalismo.

Averigüé que los bancos han construido una matriz de deuda perpetua, donde ellos ganan y quienes no tienen educación financiera pierden.

Afortunadamente, usted puede ganar, pero para hacerlo debe elevar su coeficiente de inteligencia financiera. El coeficiente de inteligencia financiera es en qué medida comprendemos el idioma del dinero. Para entender este idioma, primero debemos entender las palabras. Cuando uno entiende las palabras, termina hablando el idioma. Por último, cuando uno habla el idioma del dinero con fluidez, puede empezar a tomar el control, en lugar de que el dinero lo controle a uno.

Capítulo 2

JACK y ELLEN: LA PRIMERA REUNION

*Si usted se levanta de la cama esta mañana y va a trabajar porque
lo desea, usted controla el dinero. Si usted se levanta de la cama
esta mañana y va a trabajar porque tiene que hacerlo, el dinero lo
controla a usted. Incluso en la nación más rica del mundo, el 99%
de la población es controlada por el dinero.*

–Steve Siebold

Conocí a Jack un viernes por la tarde mientras hacía fila en Starbucks. Charlamos sobre el aumento del precio de la taza de café.

Jack comentó: "Solo el café ya te mete en deudas.

Este lugar se debería llamar 'Fourbucks'". Lo decía en alusión a los cuatro dólares que costaba la taza de café.

Me reí y le seguí la broma: "En especial tu frappuccino latte".

Mientras le ponía crema al café, me enteré de que Jack era contador, e intercambiamos tarjetas de presentación.

Más tarde esa semana, Jack King y su esposa Ellen estaban sentados frente a mí en mi oficina. Ambos parecían tener de treinta y cinco a cerca de cuarenta años, una pareja de personas atractivas, llenas de vida, curiosas pero indecisas. Les dije que no tenía ninguna cita programada hasta las tres, de modo que podíamos relajarnos y conocernos un poco.

Me enteré de que vivían en una pequeña casa de tres dormitorios en Burbank.

Tienen dos hijos y una hija, de 12, 10 y 7 años.

"Jack se reúne con los clientes en su oficina, más o menos a una milla de aquí", dijo Ellen.

"Y Ellen tiene un cargo administrativo en el Hospital Saint Joseph, tres turnos de doce horas por semana. Manejamos nuestros horarios de trabajo así que nos podemos organizar para el cuidado de los niños sin contratar una niñera por hora.

Decidimos no poner ninguno de nuestros hijos en un centro de cuidado infantil". Ellen continuó. "Mamá se ocupa de los niños durante el día, pero debo regresar rápido. Soy bastante buena con los números, y Jack te puede decir todo sobre los impuestos. Pienso que estamos bastante informados acerca de nuestras finanzas, ¿cierto, cariño?".

"Bastante", respondió Jack.

Hubo una pausa en la conversación. Ellen rompió el silencio.

"Para ser sincera, Mark, no era mi idea venir, pero a Jack le caíste bien el otro día, de modo que cedí". Ellen se rio, un poco nerviosamente.

"Bien, ya que estamos todos aquí, si puedo hacer algo para ayudarlos, lo haré", dije.

La respuesta de Jack fue inmediata. "Tenemos algunas deudas y, café aparte, nos encantaría salir a flote de ellas".

Ellen miró a su marido. "Siempre hacemos los pagos en tiempo".

"Eso es lo que hacemos. La hipoteca, un pago del automóvil y pagar lo que podemos para achicar las tarjetas de crédito".

"La verdad, no me siento cómoda hablando de esto, Jack", dijo Ellen.

"Este es un momento difícil tantas familias". Entonces observé: "Les puedo decir que no están solos. Hablar sobre dinero es un tema sensible. ¿Estarían de acuerdo?" Jack y Ellen se quedaron en silencio durante un instante.

"Por supuesto", dijo Ellen, y sentí que se estaba abriendo un poco. "Creo que puedo ayudarlos, pero para que sea posible, necesitaría reunir los detalles de su situación económica la próxima vez que nos encontremos".

Jack se volvió hacia su esposa. "¿Te parecería bien, Ellen?".

"Bien, supongo, si nada de lo que decimos sale de esta oficina".

Sonreí: "Si hago bien mi trabajo, Ellen, no tendrán nada que perder; al contrario, todo por ganar".

Ellen sonrió abiertamente por primera vez. "De acuerdo. ¿Por qué no intentarlo?"

Empecé haciéndoles preguntas sobre sus objetivos económicos a corto, medio y largo plazo.

Ellen me interrumpió. "Mark, supongo que lo debería haber consultado al empezar. ¿Cuánto cobras por tus servicios?".

"Mis servicios son absolutamente gratuitos, Ellen. Y a diferencia de la mayoría de los profesionales en finanzas, primero me tomo el tiempo para educar a mis clientes en materia de dinero. Si el cliente entiende a la perfección, al salir de mi oficina podrá tomar decisiones financieras con conocimiento de causa".

"¿Cómo ganas el dinero, entonces?", preguntó Jack. "¿Eres de una organización sin fines de lucro?".

"No", respondí y contuve la risa. "Me va bastante bien al mover el dinero de la gente a lugares donde trabaja mucho para ellos, y reducir a la vez sus impuestos y deudas. La mayoría de las personas tiene el dinero trabajando en contra de ellas toda la vida".

"Comprendo. Entonces ¿harás que nuestro dinero trabaje mucho para nosotros?". Ellen estaba empezando a pasarlo bien.

"Les puedo enseñar cómo hacer que su dinero trabaje para ustedes, pero les advierto que mis consejos probablemente serán muy diferentes de lo que se les ha dicho antes que hicieran. De hecho, ¿qué sucederá si mis consejos son lo opuesto a lo que ustedes han aprendido en el pasado? ¿Estarán aún abiertos a escuchar lo que tengo para decirles?".

"Bueno, eso depende...", respondió Jack. "¿Qué quieres decir?".

Ellen terció: "Jack, primero lo primero. Simplemente queremos salir de las deudas, y como te dije, Mark, estamos haciendo todo bien. Los dos tenemos títulos de posgrado y carreras estables. Tenemos dinero en cuentas de ahorro y tenemos un puntaje crediticio de 800. La hipoteca es fija a treinta años y giramos pagos extras al pago principal todos los meses. El préstamo de nuestro carro está en un interés de alrededor del 6%, y aunque sí tenemos algunas deudas con las tarjetas de crédito, nunca nos limitamos a pagar el mínimo. Jack agrega dinero a su plan de retiro personal y yo tengo un plan 401(k) en el trabajo para ahorro en impuestos, y tenemos CD en el banco para los fondos para la universidad de los niños. Jack tiene una póliza de seguro a treinta años que es bastante razonable. Somos bien ahorrativos, en comparación con la mayoría. Y a diferencia del mercado de acciones, el dinero en el banco está asegurado". "Entonces, ¿por qué no avanzamos?" preguntó Jack.

"Es solo cuestión de tiempo, querido".

Para mí, era el momento de hacer algunas preguntas, algunas de las mismas que me había hecho a mí mismo unos años antes. "¿Puedo ser completamente franco con ustedes?".

Ellen se detuvo un momento y dijo "¿Por qué no?".

"Casi todo lo que están haciendo en la actualidad, yo hago lo opuesto con mis finanzas personales. Y les enseño a mis clientes a hacer lo mismo. ¿Los sorprende?".

Jack respondió: "¿Estás insinuando que todo lo que estamos haciendo está mal?". E intentó bromear. "¿Cómo es posible, si soy contador?".

"Mal es una palabra fuerte, y yo no iría tan lejos. Te diría que, como la mayoría de las personas de este país, han estado yendo en la dirección equivocada. Me imagino que sabrás más de impuestos que yo, y quizá compartas algunos trucos para que tus clientes ahorren algo de dinero al año. Mi enfoque es completamente diferente".

Ellen demostraba cada vez más curiosidad. "¿Qué quieres decir?".

"A riesgo de ser dramático, pienso que prácticamente todo lo que han aprendido en la escuela y de familiares y amigos bienintencionados, prácticamente toda la educación que han recibido acerca del dinero, ha sido manipulada y corrompida. El resultado es que su dinero fue puesto a trabajar para otros en vez de para ustedes. Les puedo demostrar cómo hacer que el dinero trabaje para ustedes, pero tal vez sea necesario abandonar mucha de la información que han recibido sobre el dinero. Si están abiertos al cambio, los puedo ayudar".

"Estamos abiertos a escuchar", respondió Jack. Ellen asintió con la cabeza.

"Uno de mis primeros recuerdos sobre el dinero", sonreí, "creo que era apenas un adolescente cuando mamá y papá me llevaron al banco a abrir mi primera cuenta corriente y de ahorro con un billete de diez dólares nuevecito. Recuerdo que recibí mi primera libreta de cheques y una tarjeta de débito. Me sentía un adulto. Ahora nos reímos de eso, pero fue el error más grande que mis padres me hayan transmitido al enseñarme acerca del dinero".

A Jack le causó gracia, pero estaba sorprendido. "Mi padre hizo lo mismo. Abrimos una cuenta de ahorro, y mi crédito ha sido fenomenal desde entonces".

"Recuerdo que a una de mis amigas los padres la llevaron al banco", dijo Ellen, "y yo quería que mamá hiciera lo mismo conmigo. Todos pasamos por eso".

"Exacto", dije, "y todos nuestros hijos cuando crezcan harán lo mismo con sus hijos, y así sucesivamente. Lo que puedo decirles es que las cuentas de ahorro son la garantía para perder dinero, el cien por cien de las veces. Y a menos que hagamos un cambio radical, la gran mayoría de los estadounidenses permanecerá en esa senda económica completamente equivocada, por generaciones.

"¿Qué cambio sugieres?", preguntó Ellen.

"El único objetivo de los bancos es que el dinero de los clientes trabaje para ellos, no para los clientes. He ahorrado bastante dinero, pero no tengo nada en los bancos. Y tampoco me guiaría por los consejos de ningún banquero acerca de qué hacer con mi dinero".

"Entonces, estoy confundida", dijo Ellen.

"Como estaba yo al principio. Mi única intención, Ellen, es que tengan claridad, una nueva dirección y, en definitiva, paz interior en todos los aspectos de la vida económica de su familia. Les puedo mostrar esa nueva senda la próxima vez que nos encontremos".

"Espero oír más", dijo Ellen. "Yo también", dijo Jack.

Programamos nuestra próxima reunión para el martes siguiente por la mañana, nos dimos la mano y partieron.

Capítulo 3

EDUCACIÓN FINANCIERA

*The number one problem in today's generation and economy
is the lack of financial literacy."*

—Alan Greenspan

En los primeros años, gran parte de mi educación la obtuve en la escuela de los duros golpes. La mayoría de los estadounidenses ha ido a la misma escuela, y para muchos, los duros golpes han venido en forma de quiebra, ejecución de hipotecas y hasta de divorcio.

Hoy en día, lo que más me preocupa es que incluso las personas consideradas muy cultas no han aprendido casi nada útil sobre el dinero. Todos los días me siento con médicos, abogados, propietarios de pequeños negocios, docentes, contadores, profesionales de ciencias económicas e incluso profesores de negocios y economía, y les enseño acerca del dinero. De hecho, estimo que hoy solo alrededor del 1% de la población comprende bien el tema.

Tal vez usted se pregunte "¿Cómo es posible que el 99% de la población no comprenda el dinero?". Posiblemente recuerde la primera de todas las preguntas que me hice en mis años iniciales: "¿Por qué la única educación financiera que se da en la escuela es acerca de cómo pedir prestado dinero?" Pues bien, yo puedo responder esa pregunta, y la respuesta es alarmante para la mayoría de las personas que la oyen. La existencia misma de los bancos se basa en seducir al pueblo estadounidense para que pida prestado más y más dinero, y mantenerlos así endeudados a lo largo de toda su vida. Para sostener este rumbo, es necesario que el público no tenga conciencia de las consecuencias nefastas de las deudas, y los bancos deben mantener a la población en la ignorancia de cómo funciona realmente el dinero. Si los estadounidenses recibieran educación acerca de cómo funciona el dinero, los banqueros se harían más pobres, a medida que más personas se hicieran económicamente libres.

Hablando otra vez de Canadá, las niñas iban a la clase "Economía del hogar 101", y los niños, cursaban "Artes manuales", en séptimo y octavo grado. Las niñas aprendían a cocinar pasteles y coser botones; los niños sabían hacer un servilletero, pero en ninguno de los casos tenían idea de cómo manejar el dinero.

Incluso he visitado los actuales "parques financieros", que dicen educar a los niños acerca de cómo funciona el dinero, y no he descubierto sino que gran parte de la financiación de los parques proviene de los bancos más grandes. No encontré allí una educación financiera real, por lo menos no la educación financiera que los ricos brindan a sus hijos. Solamente vi "educación bancaria", donde los bancos más grandes adoctrinan a cientos de miles de niños con una mala educación acerca del dinero. El empleado de un parque, cuando le pregunté sobre la esencia de la capacitación, dijo "Sí, por desgracia, aquí la última palabra la tienen los bancos".

La pregunta que usted debería hacerse hoy es "¿Por qué no se les enseña a nuestros niños los verdaderos fundamentos del manejo del dinero?".

Tengo la firme convicción de que el lobby bancario es tan poderoso que garantiza que la educación financiera básica no esté disponible en nuestras escuelas primarias, medias y superiores. Paradójicamente, yo puedo enseñar –y lo hago– cómo funciona el dinero en cuestión de dos breves encuentros de una hora.

El motivo de por qué es una mala idea llevar los niños al banco es que los banqueros saben muy bien que los niños desarrollarán lazos emocionales con el primer banco donde sus padres les ayuden a abrir una cuenta corriente y una cuenta de ahorro. Y una oferta de tarjeta de crédito implica la creencia de que

"mi banco cree en mi futuro".

Y así comienza toda una vida de lavado de cerebro.

Ideas como "tienes que obtener un buen crédito" y "los ahorros en el banco son la clave de tu futuro" son el germen para una vida de deudas con los bancos.

Tengo suma curiosidad en conocer las respuestas a las siguientes preguntas:

¿Usted aún es cliente del mismo banco donde sus padres le abrieron la primera cuenta corriente y caja de ahorro? ¿Su banco lo hizo sentir un adulto cuando solicitó su primera tarjeta de crédito? ¿Lo calificaron como "solvente"?

Solvente es un término que usa el banco para hacerlo sentir "digno" de algo. En este caso, digno de empezar el proceso de enterrarse en las deudas, preferentemente por el resto de la vida. En la universidad, prácticamente no tenía ingresos, pero de algún modo sucumbí al rollo del banco de hacerme sentir digno de obtener una tarjeta de crédito enorme y préstamos estudiantiles importantes, sin tener idea en absoluto de cómo les devolvería el dinero.

En nuestras escuelas no se enseñan los aspectos básicos de la inversión, y ciertamente no se enseñan los beneficios de vivir con pocas deudas o sin ellas. Las escuelas deberían ser la primera línea de la defensa contra las mentiras de los banqueros. En la medida en que los bancos controlan el sistema crediticio, y padres y docentes les enseñan a los niños cómo obtener buenos créditos metiéndose en deudas, no sorprende que nuestra economía esté en su actual crisis económica.

Siempre me sentí impresionado e inspirado por las personas que dedican su vida a ayudar a otras, y en especial de aquellos que guían niños. He tenido el privilegio de conocer a un hombre llamado Eliel Swinton, que dirige el Instituto de Deportes Carpe Diem (www.cpdsportsacademy.com). Carpe Diem traducido quiere decir, simplemente "aprovecha el momento".

Eliel, un ex jugador profesional de fútbol americano, y ahora CEO y fundador del instituto, orienta a atletas de corta edad, de seis años en adelante. Además de ser mentor de estos niños en el deporte, Eliel los guía en todas las áreas de sus vidas infundiéndoles liderazgo, cómo ser parte de una comunidad y qué significa ser exitoso dentro y fuera del campo.

Mi rol en el instituto es formar a estos niños en materia de dinero.

No es una tarea sencilla, e incluso mis mejores esfuerzos solo tienen un efecto limitado en un país edificado sobre la deuda, cuando hasta sus padres celebran el gastar lo que no tienen.

En treinta y siete estados es obligatorio impartir educación sexual. Solo en cuatro estados se ofrece educación financiera como materia electiva. Entonces, nuestros niños están destinados a crecer como analfabetos en términos económicos, a no saber la diferencia entre una acción y un bono, qué es un fondo mutual, cómo funcionan las tasas de retorno, y lo que es más decisivo, dónde y cómo ahorrar dinero.

Todos los niños tienen derecho a la educación financiera desde la más temprana edad, y mucho de esa educación debe venir de los padres. Pero ¿cómo puede venir de padres que no comprenden ellos mismos las finanzas?

He descubierto que los niños están fascinados por el mundo de los adultos y, en la medida en que mis lecciones van al grano, son claras, entretenidas y simples de comprender incluso antes de los seis años, mi mensaje será asimilado. Más allá de que la atención de los niños dura poco, aun así es mucho más fácil enseñarles a ellos que a los adultos, que suelen tener el cerebro lavado por las campañas mediáticas incesantes de los bancos, algo muy difícil de contrarrestar.

Si los niños reciben una buena educación financiera, estarán en una buena posición para tomar decisiones financieras acertadas más adelante en su vida. Estoy seguro de que, con una educación financiera sólida, en lugar de vivir sus vidas en constante desorden financiero, muchos de nuestros niños tendrán buenas probabilidades de alcanzar la libertad económica. El lobby bancario luchará a brazo partido contra la educación financiera, porque su supervivencia depende de la ignorancia de las generaciones por venir. De hecho, pienso que el sector bancario ve la educación financiera como su mayor amenaza, un arma de destrucción masiva que podría hacer añicos su "matriz de deuda".

El mensaje central de este libro es combatir el control de los megabancos sobre las personas, y es una lucha que, creo con toda mi alma, vale la pena librar.

Por desgracia, durante mi recorrido he aprendido que la educación financiera proporcionada a los estadounidenses (y al resto del mundo), ha sido corrompida, manipulada, tergiversada, retorcida y dada vuelta, de modo que solo a muy pocos se les permite triunfar, mientras los pobres y las clases medias están destinados a perder. Los consejos financieros que se proporcionan a la mayoría de los estadounidenses benefician solo a los muy ricos, mientras que implican privaciones para el resto.

Para empeorar las cosas, esta información financiera corrompida ha sido adoptada por las masas como la verdad. Se ha transmitido de generación en generación, manteniendo a la inmensa mayoría de los estadounidenses en la lucha económica.

Hoy en día, observo que la mayoría de los estadounidenses entran en dos categorías: los que creen que comprenden el dinero, pero simplemente corren rápido en la dirección equivocada, y los que perciben que la información que se les ha proporcionado está corrompida y buscan una educación financiera real.

La información financiera corrompida, ampliamente disponible para las masas, beneficia a dos grupos: los bancos y el gobierno. Y a medida que usted lea más, tal vez llegue a la conclusión de que los intereses de los bancos y del gobierno son la misma cosa.

Capítulo 4

JACK y ELLEN: CLARIDAD

La inversión en el conocimiento siempre paga el mejor interés.

–Benjamin Franklin

Cuando Jack y Ellen llegaron el jueves por la mañana, traían café y tres "cajas Bistro" de Starbucks y un manojo de archivos. Jack puso los documentos sobre mi escritorio. "Aquí está todo, Mark. Banco, tarjeta de crédito, CD y declaraciones del préstamo del automóvil, información sobre la hipoteca. Todo".

Ellen se sentó y dijo "Bien, señor Quann, aquí listos a darle con todo. ¿Puede cortar este sangrado financiero?". Jack y yo nos reímos.

"Pienso que puedo, Ellen", dije, "y dados los desafíos que la gente enfrenta hoy, es importante conservar ese sentido del humor. Pero antes de ir a los detalles, quiero continuar el proceso de disipar la confusión, de traerles claridad acerca de cómo funciona el dinero. ¿Les parecería bien, así?".

"Por lo menos", dijo Jack, "estoy descubriendo que en mis conocimientos hay más que un par de lagunas".

"Y por mi parte he tomado la decisión de ser abierta, de aquí en más, Mark", dijo Ellen.

Saqué una hoja de papel y dibujé una caja.

"Si tomáramos algunos estadounidenses de todos los estratos sociales y los pusiéramos en una caja, ¿qué porcentaje piensan que comprende cómo manejar eficazmente su dinero?".

"¿Cinco por ciento?", preguntó Ellen.

"Más bien un uno por ciento. De cada 1,000 personas, solo

unas 10 reciben una buena educación financiera, y las 990 restantes quedan sin acceso al mejor asesoramiento".

"¿Cuál es el mejor asesoramiento?", preguntó Ellen.

"Bueno, Ellen, los ricos saben cómo hacer tres cosas con su dinero: Obtienen tasas de rendimiento más altas sobre todo su dinero; saben cómo no perder dinero nunca, y saben cómo poner el dinero en inversiones exentas de impuestos. Diez de cada 1,000 personas reciben el mejor asesoramiento financiero.

"No seríamos nosotros", dijo Jack. "No todavía", sonreí.

"Bien, entonces, ¿qué sucede con las otras 990 personas? ¿Quién las ayuda? ¿Tú?", preguntó Ellen.

"No solo yo; hay cada vez más personas como yo". "Desgraciadamente, gran parte del sector financiero tal como existe en la actualidad solo ayuda a los muy ricos, mientras que el resto de la población queda al margen de todo. Y sí, eso es lo que hago. He optado por ayudar a los 990 que no tienen acceso a la mejor información financiera. Y la mejor información financiera no la encontrarán en su banco, de eso estoy seguro".

"¿Estás recomendando que la gente retire todo el dinero de los bancos?".

"Desde luego, y a medida que avancemos, se les hará cada vez más evidente por qué".

"Y en los lugares adecuados", comentó Ellen. "¿Eso sería invertir en el mercado? Es lo que me da miedo. No queremos perder lo poco que tenemos en ahorros".

"Entiendo", repliqué. "Pero mi trabajo es administrar su riesgo, e incluso mostrarles oportunidades de invertir donde no pierdan nada de su capital principal".

"¿Cómo es posible?", preguntó Jack.

"Les prometo que lo analizaremos a medida que vayamos avanzando".

"¿Ambientes libres de impuestos?", preguntó Ellen. "¿Cómo es posible?"

Sonreí. "Los ricos comprenden muy bien estos criterios, y tú y Jack se merecen conocerlos también. Pero empecemos con una pequeña fórmula que tiene que ver con las tasas de rendimiento. Permítanme que les cuente una pequeña historia:

Un reportero le preguntó una vez a Albert Einstein cuál era su descubrimiento más importante.

'¡El interés compuesto!', respondió Einstein con picardía. '¡Qué! ¿No la teoría de la relatividad? ¿No E = Mc2?'

'¿Usted entiende de esas cosas? ¿Las emplea en su vida diaria?', preguntó Einstein.

'Supongo que no', contestó el reportero.

'Exacto, mi estimado. Pero si las personas entendieron mi regla del 72, ¡eso sería la octava maravilla del mundo!'"

"¿La 'regla del 72?' No había oído hablar nunca de eso", dijo Jack.

"Como la mayoría de la gente. Y lo único que se necesita es matemática de segundo grado. Lo que se hace es dividir cualquier tasa de rendimiento por 72, y el resultado indicará cuántos años se tardará en duplicar el dinero. Se puede usar la misma fórmula para demostrar a los bancos cuánto se demorará en duplicar su dinero cuando se invierten sus ahorros para ganancia personal.

Por ejemplo, divide 72 por una tasa de rendimiento del 1%. ¿Cuántas veces entra 1 en 72?"

"Ya que tomé una clase de posgrado en estadística, te puedo decir que la respuesta es 72", dijo Jack.

"¡Exacto, Jack! Pasan 72 años para que tu dinero se duplique cuando se ahorra en un banco que paga el 1%".

"¡Setenta y dos años para que nuestro dinero llegue a ser el doble!", exclamó Ellen.

Les pregunté si sabían qué tasa de rendimiento tenían en su banco, y ninguno de los dos estaba seguro. Jack pensaba que el 1%.

"Les puedo decir que las tasas de rendimiento promedio en las cuentas de ahorro en cualquiera de los bancos grandes, según lo último que vi, no era del 1%, sino del 0.05%".

Jack sacó el iPhone y calculó el resultado. "Creo que no ya no estaremos en este mundo para ver el doble de nuestro dinero, dentro de 1440 años".

Observé que Jack y Ellen estaban empezando a atar cabos, entonces proseguí: "Y les puedo decir que el uno por ciento de los estadounidenses que saben cómo manejar y hacer crecer su dinero no ahorran en los bancos. Su dinero está en lugares donde obtienen tasas de rendimiento de entre el 6% y el 10%, así que duplican el dinero al cabo de 12, e incluso de 7 años. Y es exactamente ahí donde yo también tengo mi dinero".

"Increíble", dijo Ellen.

"Échenle la culpa a Einstein", contestó Jack.

"Y ya sea que ganes el 0.05% o el 4%, en realidad siempre estás perdiendo dinero".

"¿Más malas noticias?", dijo Ellen.

"Te prometo, Ellen, que a medida que continuemos, superarán todo de la mejor manera y, al fin y al cabo, serán muy felices".

"Sé que estás ahí para ayudarnos, Mark", dijo Jack.

"Para ilustrar lo que les quiero explicar, digamos, por ejemplo, que el banco es generoso y les da rendimiento del 1% sobre su dinero. Pero ¿qué sucede si la inflación es del 4%? ¿Ese 1% es todavía una tasa de rendimiento positiva? Hagamos cuentas. Una tasa de rendimiento del 1% menos una inflación del 4% equivale a una pérdida del 3%. Su poder de compra sigue disminuyendo de manera espectacular con los años. Y recuerden, lo poco que ganen en intereses bancarios está gravado con las tasas más altas. No obstante, los bancos siguen recomendando que ahorremos mucho de nuestro dinero en esas cuentas que garantizan que nunca avanzaremos económicamente. Y para empeorar las cosas, el gobierno le oculta al pueblo norteamericano la tasa de inflación real.

"Me dan ganas de recoger mis cosas y unirme a los manifestantes de Wall Street", dijo Ellen.

"Tú mencionaste que tienen varios CD", dije. "Resulta que los CD en todos los bancos grandes están obteniendo entre el 0.1% y el 0.5%, dependiendo del plazo. Dividan 72 por 0.5% y el resultado será aproximadamente 144 años para que el dinero se duplique. Y ahí va lo último que les diré. Los bancos no guardan los dólares que uno gana con tanto esfuerzo enrollados con una banda de goma y no los dejan en un estante hasta que vamos y hacemos un retiro. Ellos invierten el dinero a tasas de rendimiento considerablemente altas, obtienen ganancias enormes mientras ustedes pierden, así como les prestan dinero a tasa de interés exponencialmente altas. Les dejaré material sobre el 'sistema bancario de reservas fraccionarias', sobre cómo se hace eso".

"¡Parece el maldito esquema Ponzi!", dijo Jack. "Esa es mi conclusión, exactamente".

"Es terrorífico. Porque está tan generalizado en nuestra cultura que ni siquiera vemos que nos están estafando", dijo Ellen.

"Estoy convencido de que nos estafan, Ellen. El hecho es que todos los ahorros de los bancos son estafas. Estafas para mantener nuestro dinero trabajando intensamente; trabajando intensamente para los bancos, claro. Hay estafas infinitas que emplean los banqueros, y nos convencen de que ahorremos con ellos: mínimos de cuenta, programas de ahorro automáti-co, CD como planes de retiro efectivo, todo está ideado para atraernos. Les garantizo que nada de eso es para nuestro ben-eficio. Solo beneficia a los bancos".

"Nos dijiste que nos darías educación financiera. Sin duda has cumplido la promesa", dijo Jack, mirando a su esposa, que parecía un poco anonadada.

"Permítanme preguntarles algo. Volvamos por un momento a nuestra pequeña caja. ¿Qué pasaría si sacáramos a su banco de la ecuación, por completo? Déjense un poco para los gastos diarios, y tal vez unos miles de dólares en la cooperativa de crédito local sin fines de lucro, y pongan todo el resto de sus ahorros en lugares con buenas tasas de rendimiento. Y cuando inviertan a largo plazo, podrán tener garantías donde no perderán ni un centavo, y en lo posible, optar por inversiones exentas de impuestos".

A Ellen le brillaron los ojos. "Sería fantástico".

"Veré qué puedo hacer, entonces", dije. "Veamos qué han traído. Reuniré los datos y, la próxima vez que nos encontremos, les sugeriré algunas de esas posibilidades".

Antes de que se retiraran, les di una copia de los capítulos que se habían publicado previamente de lo que usted está ahora por leer.

"Puede que lo encuentren interesante", dije. "La lectura nos les tomará mucho tiempo, y para mí serán muy valiosas sus opiniones sobre mi texto".

Ellen dijo "Gracias, Mark. Lo tendremos leído para la próxima vez que nos veamos".

Capítulo 5

LA "REGLA DEL 72" Y LOS GRANDES BANCOS

El interés compuesto es la octava maravilla del mundo.
Quien lo comprende, lo gana... Quien no, lo paga.

–Albert Einstein

L a "regla del 72" no se enseña en nuestras escuelas y, que yo sepa, no está incorporada en ningún plan de estudios tradicional en el mundo. Es probable que sus padres jamás hayan oído al respecto, aunque durante toda la vida hayan sido regidos por esa regla.

Y el propósito de los bancos es que usted permanezca en el desconocimiento de ella, porque si conoce la "regla del 72" se le hará claro que su dinero está ocioso y parado en cuentas de ahorro y CD.

Apliquemos la "regla del 72" para descubrir cuántos años tardarán los bancos de primera línea en Estados Unidos para duplicar su dinero en algunas de las cuentas de ahorros "básicas".

La cuenta de ahorros típica "día a día"

Usando la simple fórmula de Einstein, dividiendo 72 por 0.01%, un banco duplicará sus ahorros aproximadamente ¡cada 7,200 años!

La cuenta de ahorros "Ahorros Plus"

Posiblemente sepa de qué se trata. A un interés del 0.05%, un banco importante promete duplicar su dinero cada 1440 años. Observe las palabras "Ahorros Plus" (Savings Plus en inglés). Las marcas son terriblemente ingeniosas. Y a menudo, en la letra chica se lee: "los cargos pueden reducir las ganancias".

Cuentas de ahorro "de alta rentabilidad"

A un interés del 0.03%, algunos bancos grandes duplicarán su dinero cada 2,400 años. Y, con una "bonificación APY" (Bonus APY en inglés o rendimiento porcentual anual) saltarán al 0.08%, de modo que su dinero se duplicará cada 900 años. Si usted depositara en esta cuenta $1,000 al nacer, si comiera solo frutas y verduras y viviera más que nadie en la historia, posiblemente vería la cuenta a punto de reventar con $2,000 al cabo de esos años.

Cuentas de ahorros "regulares"

A un interés del 0.01%, los bancos más grandes duplicarán el dinero de los clientes cada 7,200 años. Y en la letra chica hay siempre un requisito de saldo mínimo (o se aplicará una comisión por servicio mensual). Fíjese en los cargos si no mantiene el mínimo o hace demasiados retiros en un mes.

En bancos más pequeños, se pueden obtener rendimientos ligeramente más altos, pero ninguno se mantiene por delante de la inflación, muchos tienen cargos ocultos y todas las ganancias están sujetas a las tasas de impuestos más altas.

Los resultados hablan por sí mismos. Pero esto es solo el comienzo de la historia.

Capítulo 6

LA VERDAD ACERCA DE LOS PLANES DE AHORRO AUTOMÁTICO

*¿Cuántos millonarios conoce que se hayan hecho ricos
invirtiendo en cuentas de ahorros? No tengo más por decir.*

–Robert G. Allen

Los planes de ahorro automático están cada vez más de moda en todos los bancos importantes. Los disfrazan mediante presupuestos publicitarios enormes, grandes pancartas electrónicas, colores bonitos, clientes sonrientes y lemas persuasivos.

Por ejemplo, algunos de los bancos más grandes ofrecen un programa en el que si usted compra un artículo con su tarjeta de débito, ellos transfieren una pequeña cantidad de "cambio" a su cuenta de ahorros. Eso no es más que una estratagema para retener más de su dinero ocioso en la bóveda del banco. Cada dólar suyo colocado en la cuenta de ahorros habilita al banquero a prestar ese dinero a otros clientes. A usted no le pagarán prácticamente nada, mientras desembolsan sus fondos para prestarlos a otros clientes a las tasa de interés más altas posibles.

Las palabras típicas para describir este tipo de cuenta sería algo como "no hay que pensarlo dos veces", lo cual sugiere que usted estará mejor si no lo piensa. Pero analicemos otros ejemplos típicos de lo que está en la letra chica, para averiguar qué quieren los bancos que pensemos:

"Se paga un rendimiento porcentual anual variable del 0.01%". O sea, tendrá que esperar 7,200 años para que su dinero se duplique. "Los cargos pueden reducir las ganancias".

Obviamente, después de que le pagan el 0.01%, puede

haber cargos no revelados.

"Patente pendiente".

¿Las estafas para inmovilizar su dinero prácticamente a tasa cero de rendimiento son dignas de patente?

Todos los bancos de primera línea han ideado programas como estos para inmovilizar una mayor parte de nuestro dinero.

Hace poco, vi que otro megabanco promocionaba una forma muy inteligente, aunque retorcida, de ahorrar. Es poco probable que quienes tienen uno de esos planes lean la información en la letra chica.

El banco actúa en pleno conocimiento de que la mayoría de sus clientes carece de educación financiera y que confían en cualquier programa que el banco diseñe.

Esta nueva forma de ahorrar es promocionada con la imagen de un cappuccino y una masa para el desayuno. Si usted tiene apetito y le gusta el café, todo parece muy atractivo. Tal vez se pregunte cómo hacen los ejecutivos de la banca para dormir por la noche, sabiendo que ganan vendiendo la mentira de que se puede ganar dinero "ahorrándolo" en un banco.

La respuesta es: compran sábanas de seda costosísimas.

El único objetivo del banco es inmovilizar su dinero, y pagarle nada –cobrarle después las comisiones–, solo para prestársela a través de tarjetas de crédito, préstamos automotores e hipotecas a las tasas de interés más altas posibles.

Cada dólar ahorrado en un banco grande es simplemente otro dólar que será retenido por Wall Street.

Resulta una ironía que muchos nuevos inmigrantes que llegan al país guardan el dinero en latas en el patio de la casa o debajo del colchón, y los llamamos desinformados por no tener cuentas de ahorros. La ironía es que ellos no pagan tasas de sobregiro de $35 ni cargos por servicio mensual de $5. Compran lo que necesitan en efectivo y sus colchones y latas no les ofrecen tarjetas de crédito para comprar cosas que no pueden pagar.

La verdad es que el banquero necesita más de su dinero que lo que usted necesita del banquero. Y sin sus ahorros y sus deudas, el banquero estaría en serias dificultades.

Capítulo 7

LA VERDAD ACERCA DE LOS CD

La razón principal de que la gente luche financieramente es porque ha pasado años en la escuela pero no ha aprendido nada sobre el dinero. El resultado es que esta gente aprende a trabajar por dinero... pero nunca a que el dinero trabaje por ellos

–Robert Kiyosaki

Su banquero comprende muy bien la naturaleza humana, en especial porque se relaciona con el dinero y los ahorros. Es muy frecuente aplazar las decisiones financieras, de modo que el banquero dice "ponga el dinero en un CD durante unos pocos años, y no tendrá que preocuparse por él". Parece razonable, ¿no?

Un CD es un "certificado de depósito". Es una forma simple que tiene el banco para inmovilizar el dinero durante un período, por lo general de uno a cinco años. El banquero le pagará entonces una tasa de rendimiento más alta. Para aclarar, usted no obtendrá una tasa de rendimiento alta, simplemente un porcentaje más alto del que recibiría en una cuenta de ahorros normal.

Las mayoría de las veces, los bancos grandes requieren mínimos sustanciales para abrir cuentas de inversión. En muchos casos, si usted no tiene un mínimo de $250,000, el banquero lo alentará a que "invierta" en un CD. Tenga en cuenta: en un CD, su dinero no está "invertido".

Pueden llamarlos CD de alta rentabilidad, superahorros, lo que fuera, pero no tienen como objetivo ayudarle a acrecentar su dinero. Un ejemplo: Un banco de primera línea está ofreciendo una "tasa de CD especial" a 26 meses del 0.20%. Aplicando la regla del 72, tendrá que esperar 360 años para que su dinero se duplique. Puesto que ninguna de estas cuentas se mantiene por delante de la inflación, y todas las ganancias están enormemente gravadas, se podría acusar a los bancos de publicidad falsa y engañosa. No existen "rentabilidades altas", y estas cuentas no tienen nada de "especial".

"Puede ahorrar su dinero en un CD hasta que aumente como para alcanzar nuestros mínimos de inversión" es la línea habitual del sonriente banquero. Al inmovilizar los ahorros en un CD durante uno a cinco años lo único que logrará es que su dinero esté a disposición del banco para invertirlo a nombre del mismo banco, no de usted.

Y ahí está el problema: Al poner $5,000 en un CD, otorga inmediatamente al banquero la capacidad de prestar $50,000 a otros clientes, o incluso de nuevo a usted, utilizando las prácticas de préstamo "fraccionario". (En el próximo capítulo mostraré cómo los bancos aprovechan los ahorros de la clase media para convertirlos en ganancias enormes para ellos mismos).

Paradójicamente, casi todos los clientes de los bancos tienen la oportunidad de poner su dinero en el mismo lugar que los banqueros, ¡en inversiones seguras donde se pagan tasas de interés más altas que en los bancos!

Pero las personas confían en su banquero y piensan que los CD son planes de ahorro eficaces. Y los banqueros, encantados, porque una vez abierta la cuenta de CD, ese dinero quedará ocioso en promedio durante quince años, mientras ellos lo usan para obtener sus propias ganancias.

Este no es el final de la historia de los CD. Incluso después de que su dinero ganado con tanto sacrificio está colocado y ocioso en una largamente olvidada cuenta de CD de "renovación automática", el banco tratará de reducir la tasa de interés cada vez que tenga la oportunidad.

Capítulo 8

LA BANCA DE RESERVA FRACCIONARIA

Dale un arma a un hombre y podrá robar un banco. Dele un banco a un hombre y podrá robarle al mundo.

−Anónimo

Pasemos a explicar en detalle cómo utilizan los bancos sus ahorros para amasar ganancias exponenciales.

La "banca de reserva fraccionara" es la práctica en la cual las reservas de un banco (el dinero depositado en el banco) es solo una pequeña fracción de sus préstamos e inversiones. En otras palabras, su banco puede prestar $10 por cada $1 que usted ha depositado en cuentas de ahorros, cuentas corrientes o CD.

Durante un breve período de la historia, se practicó la "banca de reserva completa", cuando los bancos tenían restricciones para prestar los ahorros de un cliente a otros clientes. En la actualidad, sin embargo, los sistemas bancarios del mundo se manejan con el sistema de reservas fraccionarias.

Con la banca de reservas fraccionarias, los bancos básicamente pueden crear dinero de la nada. No se imprime dinero real, y la deuda de cada estadounidense simplemente se registra como un asiento bancario.

Es muy importante saber lo siguiente: por su naturaleza, la práctica de la banca de reserva fraccionaria expande la oferta de dinero.

Veamos cómo: Vaya a cualquier banco de primera línea y deposite $100 en una cuenta de ahorros. En cuanto el dinero está en su cuenta, usted le ha otorgado al banco la capacidad de prestar $1,000 a otros clientes (tal vez a un confiado estudiante, a un interés del 24%).

Lo que es importante comprender es quién necesita a quién. Sin sus $100, el banco no tendría la capacidad legal para prestar $1,000.

Esta práctica de prestar dinero que no existe es la verdadera genialidad del sistema bancario. Un ejemplo claro de cómo se hace:

Una buena amiga del trabajo le cuenta que encontró una "oferta por tiempo limitado al 0% de financiación" en una concesionaria de automóviles local. "Tienes que aprovechar esta oferta antes del fin de semana", le dice. "¡Un interés del cero por ciento para comprar un carro nuevo!".

Usted reflexiona "¿En qué podría equivocarme pidiendo un préstamo al cero por ciento?". Entonces, va a la concesionaria, obtiene un préstamo por $20,000 y compra un automóvil nuevo.

Pero ¿el banco le prestó $20,000? No. Sigamos el rastro del dinero y veremos qué sucedió realmente: supongamos que usted tiene $2,000 en la cuenta de ahorros.

Debido a que ahorró $2,000, el banco puede prestarle ahora $2,000, más otros $18,000 de efectivo fantasma. Eso suma $20,000.

Al comprar el automóvil, usted firma un contrato mediante el que acepta que posee $20,000, pero no pidió prestado el dinero a la concesionaria sino al banco. Y el banco lo único que ha hecho es un asiento en una cuenta por esa cantidad.

El asiento en la cuenta bancaria de la concesionaria indica que ellos tienen ahora $20,000, aunque la suma solo exista como deuda registrada en una computadora. La concesionaria nunca tomó posesión de su dinero, en absoluto.

Debido a que la concesionaria tiene ahora estos $20,000 fantasmas en la cuenta, el banco puede prestar otros $200,000 de efectivo inexistente a otros clientes, simplemente haciendo más asientos bancarios.

Y todo empezó cuando el banco le ayudó a ahorrar $2,000 y le ofrecía un préstamo con un interés del cero por ciento.

Ahora comprende cómo esta práctica infla la oferta general de dinero sin imprimirlo, y por qué el banco no paga prácticamente nada en las cuentas de ahorro, pero exige un desembolso del 10% al 20% cuando usted hace una compra importante como el Sueño Americano de la casa propia.

Sigamos una vez más el rastro del dinero:

Usted ahorra $20,000 para un desembolso inicial sobre una vivienda de $200,000. Después de depositar los $20,000, el banco le puede prestar $180,000, simplemente registrando en un asiento bancario que usted debe esa cantidad, más el interés. (Y el interés comienza a acumularse inmediatamente, compuesto todos los días).

Las personas por lo general tienen la impresión de que cuando un banco presta dinero, en este caso $180,000, ese dinero realmente existe en las reservas del banco. Simplemente, no es así. El banco lo tiene atado a un préstamo a 30 años sobre un dinero que no existe. Sus pagos cubren mayormente los intereses, y muy poco dinero cubre el principal los primeros 10 a 20 años. Si en algún momento entra en incumplimiento del préstamo, el banco destruirá su crédito y simplemente borrará el asiento donde consta que usted les debe dinero.

A continuación, ejecutarán la hipoteca de su casa.

Los megabancos ganan miles de millones cobrando altas tasas de interés, esclavizando a las familias estadounidenses con trillones de dólares que no existen.

¿Cómo es esto legal?

No solo es legal: seguirá siendo legal hasta que la población aprenda cómo funciona la banca de reservas fraccionarias. Pero en la actualidad, en nuestras escuelas no se enseña eso, nuestros docentes no lo comprenden, nuestros padres no lo saben y los bancos harán todo lo que puedan para mantener a la gran mayoría de los estadounidenses en la ignorancia.

Y he aquí una preocupación muy concreta que considero que todas las personas deben comprender: si se produjera otra crisis que causara una corrida bancaria, no habría suficiente dinero real en las sucursales para administrar los retiros.

Ahora que comprende la premisa básica de la banca de reservas fraccionarias, es importante que sepa cómo millones de representantes de ventas de todo el país hacen que usted se meta en más deudas, cuando compra un automóvil, un televisor de pantalla grande o ropa nueva.

¿Quiénes son estos representantes de ventas en las concesionarias de automóviles, en las tiendas de decoración y construcción, en las tiendas de electrónicos o, para el caso, en todos los grandes almacenes importantes con sus ofertas increíbles con desembolso del 0% y sin intereses durante los primeros 12 a 18 meses, y que le ofrecen un descuento para solicitar un crédito?

Secuaces de los bancos, eso son.

Existen literalmente cientos de miles de hombres y mujeres que venden cosas de todo tipo con esas ofertas tentadoras. Paradójicamente, en forma indirecta y velada son empleados de los bancos y las compañías de tarjetas de crédito, y muchos están metidos hasta el cuello en deudas, aprovechando esas ofertas de crédito ellos mismos.

Entre los secuaces más frecuentes de los banqueros se encuentran los vendedores de automóviles nuevos y usados. No se detendrán ante nada para inducirlo a solicitar un préstamo automotor al precio y la tasa de interés más altos posibles.

"Garantizado, la tasa de interés será alta los primeros seis meses, pero podemos refinanciarte cuando tu crédito esté mejor", es el rollo manipulador.

Seis meses después, cuando su crédito ha mejorado y usted vuelve para que le bajen la tasa de interés, la respuesta del secuaz será la siguiente, como tomada de un guión: "Por desgracia, el carro ahora vale menos de lo que tú debes. Ojalá pudiera, pero simplemente no puedo refinanciarte el préstamo". Más allá de que usted repita lo que le prometieron cuando compró, está encadenado a la tasa de interés más alta que aceptó en el punto de venta (muchas veces, podría ser del 16% o más alta).

A los tres años, el automóvil vale prácticamente nada, ya que es un bien de rápida depreciación.

¿Por qué persuadirán estos vendedores a otras personas trabajadoras como ellos a que se endeuden? La respuesta es simple. Si no les venden un automóvil nuevo o un televisor de pantalla grande, no obtendrán suficiente dinero como para mantenerse el día con los pagos de sus propias deudas. Están más preocupados que nadie por cuidar su propio crédito de la ruina. Así, los bancos mantienen este círculo vicioso de pedir préstamos hasta el infinito, y obtienen ganancias tanto de los vendedores mismos y como de todos quienes compran con créditos.

Capítulo 9

DEMASIA-DO GRANDE PARA FALLAR, ¿CÓMO?

Puesto que la suma depositada supera siempre a la suma existente en las reservas, es evidente que los bancos de reservas fraccionarias no tienen posibilidad de pagar a todos los depositantes cuando lo solicitan, como prometen. Si los depositantes intentaran retirar en masa más fondos de los disponibles en las reservas, empezaría a derrumbarse todo el castillo de naipes. Esta es una amenaza muy concreta que afrontan hoy varios bancos europeos.

–Ron Paul

Ahora que comprende que los bancos no tienen suficiente dinero real en las cuentas, esto trae a la mente una pregunta: ¿cómo me pagaría mi dinero el banco si demasiados clientes, en una futura crisis económica, llegaran en estampida a las sucursales para retirar todos sus fondos a la vez? Los bancos quedarían desenmascarados entonces como los impostores que son: corporaciones anónimas que pueden cobrarle tasas por pedir prestado su dinero, que, por otra parte, ni siquiera conservan en las cuentas.

En tiempos de crisis, muchos bancos se han quedado sin efectivo al llegar simultáneamente demasiados clientes a retirar el dinero. Eso es una "corrida bancaria", y un acontecimiento así fue una de las principales causas de la Gran Depresión. En un momento en que necesitaban sus ahorros, más que nada para salvarse de la ruina económica, los estadounidenses acudieron a las sucursales donde tenían el dinero, pero los bancos no pudieron pagar. El castillo de naipes, construido por los banqueros del mundo, empezó a desplomarse. Si usted cree que esto no podría suceder hoy, hable con su banquero sobre el "aviso de retiro" que le pueden pedir para que usted retire su dinero del banco.

Los bancos han agregado nuevas cláusulas a su "Acuerdo de depósitos y descargos", cuando se abren cuentas corrientes y cuentas de ahorros. En el descargo de un banco de primera línea, encontramos el siguiente apartado:

"Las normas federales nos exigen que nos reservemos el derecho de solicitar a todos los depositantes de cuentas de ahorros y cuentas corrientes que generan intereses que den un previo aviso de siete días por escrito para efectuar un retiro. No obstante, es poco probable que solicitemos dicho aviso".

En su banco existe un apartado de descargo similar.

Creo que si se produjera una debacle financiera, al haber demasiadas personas que necesiten su efectivo se generará una corrida bancaria. Y cuando acudan al banco, se les negará el acceso al dinero que les pertenece. Una vez más, un banco de primera línea, en la letra chica (un descargo de treinta y seis mil palabras, en este caso) tiene la capacidad legal para impedir que los clientes retiren el dinero de sus cuentas. Cuando usted más necesite el dinero, el banco posiblemente le solicite "un aviso previo de siete días por escrito".

Cuando se les pide ver tales descargos, los banqueros dicen "es poco probable que recurramos a esa cláusula".

Mi pregunta para su banquero: "si no van a recurrir a esa cláusula, ¿por qué no la eliminan del acuerdo?".

Si yo fuera un cliente de la gran banca, haría mi propia corrida bancaria para sacar el dinero inmediatamente.

Ahora bien, no estoy sugiriendo que lo hagamos todos a la vez y causemos una crisis financiera real, sino que estoy pensando en tramar un retiro gradual, bien organizado, de todo el dinero de los megabancos, y el cierre de sus puertas para siempre. Pasar el dinero a cooperativas de crédito es algo muy eficaz que podemos concretar.

Entiendo que esto puede ser visto como una postura radical, pero estoy totalmente convencido de que el sector bancario está debilitando la estructura misma del capitalismo genuino y lo que puede ser una clase media floreciente. Es hora de que tomemos acción.

Capítulo 10

LA BANCA DEL PLÁSTICO

Cuando te endeudas te conviertes en un esclavo.

–Andrew Jackson

En Estados Unidos, la forma más común de deuda con los bancos es la acumulación incesante de gastos a través de las tarjetas de crédito. Son un hábito insidioso. Los hogares con deudas a las tarjetas de crédito arrastran un promedio de $16,000, con una tasa de interés promedio del 16%. El pago de intereses genera la exportación de miles de millones de dólares desde su comunidad, y beneficia solo a unos pocos en Wall Street. En el sector de las tarjetas de crédito, uno de los esquemas más brillantes diseñados para mantener endeudada la clase media estadounidense implica ecuaciones matemáticas simples para conseguir los montos más grandes de ganancias para los bancos. Estas ecuaciones llevan al cumplimiento de cuatro objetivos de relevancia para los grandes bancos:

1. Poner el mayor número de tarjetas de crédito en manos de los consumidores.

2. Fijar los saldos más altos posibles en esas tarjetas (incluso si es con una oferta inicial de tasa del cero por ciento, no importa).

3. Aumentar las tasas de interés lo más posible y sumar cargos y recargos para aumentar las ganancias.

4. Mantener la deuda del titular de la tarjeta hasta la muerte o la quiebra.

La idea es poner queso en una trampa, y cuando los ratones

muerden, ¡atraparlos! Estos ratones, sin embargo, a menudo son estudiantes universitarios y familias estadounidenses promedio que solo pensaron que estaban por alcanzar un trozo de queso.

Una estrategia por el estilo usada en el pasado era bajar el límite del pago mínimo para que los consumidores tardaran más tiempo en saldar la deuda.

Tomemos el ejemplo del hogar que arrastra un promedio de $10,000 de deuda en tarjetas de crédito, con un pago mínimo del 5% o $500. Probablemente no cargarían más la tarjeta, porque no podrían costear los pagos crecientes. La idea entonces fue bajar el pago mínimo al 2% o $200 sobre los mismos saldos de $10,000. Los bancos sabían que muchos consumidores se inclinarían entonces por cargar dos veces y media más su tarjeta, o sea $25,000, y así tenían el mismo pago mínimo de $500. Estos nuevos saldos, gigantescos, implicaban que se tardaría décadas en saldar las tarjetas, si es que alguna vez se lograba, y la consecuencia era ganancias enormes para los bancos.

Y hoy, los bancos grandes trabajan diligentemente para colocar el máximo posible de tarjetas en manos de los consumidores estadounidenses.

Hay una creencia novedosa de que tener solamente una tarjeta de crédito no es suficiente. De hecho, los estadounidenses en conjunto poseen más de seis cientos millones de tarjetas de crédito, y muchas personas llevan siete en la billetera todo el tiempo. Frases publicitarias como "¡no salga nunca de casa sin la tarjeta!" inculcan la creencia de que las tarjetas de crédito son imprescindibles para sobrevivir.

Cada vez que se pasa la banda magnética de la tarjeta, no solo el banco le está cobrando a la tienda cargos adicionales cuantiosos, sino que, a sabiendas, lo está haciendo cómplice a usted de otro plan para crear más dinero fantasma con un simple asiento en la base de datos bancaria: el registro de su deuda más el interés aplicable.

Es sabido que los bancos aumentan el interés cuando quieren, y hasta hace poco, los estadounidenses no podían hacer nada al respecto.

Millones de estadounidenses han sufrido el impacto de abrir un sobre con un estado de cuenta de la tarjeta de crédito, al enterarse de que la tasa de interés es exponencialmente más alta debido a un atraso del pago de un día, incluso en otra tarjeta. Esta práctica se llama "incumplimiento universal". He aquí cómo funciona:

Primero, la compañía de la tarjeta de crédito le envía un aviso diciendo "Estamos disminuyendo su crédito disponible". Poco después, usted recibe un segundo aviso: "Tenga en cuenta que, debido a que ha utilizado demasiado de su crédito disponible (porque ellos acababan de reducir su límite de crédito), ha aumentado la tasa de interés". No se sorprenda si la tasa aumenta del 16% al 29.99%.

Cuando vaya al banco a pedir explicaciones, le dirán que tienen las manos atadas porque a usted ahora le corresponde un "riesgo crediticio más alto". Le harán referencia al acuerdo original que firmó, que contiene un lenguaje tan enrevesado que solo un abogado (quien lo escribió) podría entender.

Le dirán que debido a una "disminución de su mérito de crédito" queda abierta la puerta para aumentar su tasa de interés casi por cualquier motivo. Si usted no se sentía lo suficientemente mal al entrar en la sucursal, se sentirá peor al salir.

Hubo una época en la que muchos de los esquemas actuales de las compañías de tarjetas de créditos no estaban permitidos en Estados Unidos. De hecho, el interés del 24% era ilegal, y las tasas de interés no podían superar el 12%.

Las cosas cambiaron con la inflación galopante de fines de los años 70. La Reserva Federal ("pionera" de la inflación) aumentó las tasas de interés a dos dígitos para tratar de desacelerar la economía.

En ese momento, las tasas que cobraban los bancos eran de hasta el 18%. ¿Cómo podían los bancos tomar dinero al 18%, prestarlo al 12%, y aún así obtener ganancias? No podían.

Pero Dakota del Sur estaba en dificultades económicas y necesitaba atraer bancos y puestos de trabajo al estado. Decidieron eliminar el tope para las tasas de interés que podían cobrar los bancos a sus clientes sobre las tarjetas de crédito. Con lo cual, los bancos formaron fila para establecer oficinas en Dakota del Sur. Poco después, una decisión judicial permitió a las compañías de tarjetas de crédito exportar sus tasas de interés sin tope a otros estados. La suerte de Dakota del Sur mejoró porque las nuevas leyes abrieron las puertas para que las compañías de tarjetas de crédito enviaran solicitudes a todo el país sin restricciones.

Un banco nacional de primera línea llegó al estado para aprovechar este nuevo resquicio legal, muy rentable, de la desregulación del sector. No pasó mucho para que todos los megabancos empezaran a distribuir decenas de millones de solicitudes por todo el país.

Con los años, desde la década de 1970, la inflación fue regresando a niveles razonables, y la Reserva Federal disminuyó las tasas de interés que les cobra a los bancos. Pese a ello, incluso con tasas reducidas para pedir prestado dinero, los bancos le han tomado el gusto al cobro de intereses del 24% sobre las deudas con tarjetas de crédito, y fueron pocos los ajustes que se hicieron para beneficio de los clientes.

Aplicando la fórmula simple de Einstein, 72 dividido por 24 equivale a 3. Eso significa que el banco duplica el saldo de las tarjetas de crédito cada 3 años, mientras el dinero en las cuentas de ahorros se duplica ¡cada 1440 años!

Cuando presento este dato a miles de personas todos los años, siempre hago la pregunta:

"¿Qué le sucede a usted, miembro de la clase media, si permitimos que los bancos dupliquen su deuda cada 3 años, mientras sus ahorros se duplican cada 1440 años?". Sí, los bancos serán los dueños de todo y las familias estadounidenses como la suya no poseerán nada.

Para el año 2000, el sector de las tarjetas de crédito estaba fuera de control y había acumulado más quejas de clientes que cualquier otro sector de la economía en la historia.

Muchos bancos grandes aumentaban sus ganancias perjudicando a los titulares de tarjetas con cargos ocultos, muchos de ellos ilegales.

Incluso llegaron tan lejos como robarles a los clientes recibiendo pagos a tiempo, pero acreditándolos hasta pasada la fecha límite. De ese modo podían cobrar cargos por retraso y aumentos permanentes de las tasas de interés. A pesar de las actividades delictivas y de las prácticas comerciales fraudulentas, no se presentaron acusaciones penales reales contra los bancos más grandes.

Somos todos animales de costumbres, habituados (o se espera que lo estemos) a tener cuentas de ahorro y cuentas corrientes, CD, algunas tarjetas de crédito, préstamos de vehículos e hipotecas fijas a treinta años. Estos productos han llegado a ser la norma para muchas familias estadounidenses, y para no sentirnos extrañamente incómodos, porque la nuestra es una cultura de pedir prestado para comprar cosas que no podemos pagar.

Así es que usar el plástico y generar deudas interminables se ha convertido en una adicción para muchos. Y como sucede con cualquier adicción, es increíblemente difícil que las personas la abandonen.

A su modo, las tarjetas de crédito pueden hacer tanto daño como los cigarrillos (y estoy seguro de que mi vida hubiera sido mucho mejor si ninguna de las dos cosas existiera). Los cigarrillos pueden matar con el tiempo pero menos personas los consumen por las campañas y los anuncios contra el tabaquismo. Y, por suerte, menos niños se harán consumidores de tabaco de por vida simplemente "manteniendo los lobos lejos de las ovejas".

Entonces, ¿por qué no hay grandes campañas del gobierno contra las tarjetas de crédito? Las deudas con las tarjetas de crédito también nos pueden matar en tiempo, dada la angustia que causan las deudas. En este caso, los adictos pueden ser nuestros amigos y parientes más cercanos. Algunos de ellos están viviendo vidas silenciosas en la desesperación, ahogándose en deudas cada vez más profundas. El bienestar de cualquier país está atado a la salud de sus familias. Los bancos grandes se han convertido en aves rapaces financieras; viven de las familias para obtener ganancias más altas. Sospecho que si les preguntara a los ejecutivos de la banca "¿qué trataban de lograr enviando decenas de millones de solicitudes de tarjetas de crédito todos los meses?", responderían así: "Ayudábamos a los consumidores estadounidenses a tener más oportunidades de cumplir sus sueños, establecer su crédito y, en consecuencia, fortalecer la economía".

Lo opuesto es cierto.

Los bancos controlan el sistema crediticio. Debido a que se nos dijo que tenemos que usar sus productos para obtener un buen crédito, ellos tienen el poder para seguir llevando a los estadounidenses (y al mundo) hacia las deudas.

Para corregir el curso actual y poner nuevamente al país en su senda, es imprescindible que ese poder del sistema crediticio sea tomado de los bancos y devuelto a manos del pueblo. En este sentido, ha habido cierto avance.

Una y otra vez se ha intentado regular el sector de las tarjetas de crédito. A través de los años, se han presentado muchos proyectos de ley para intentar que los bancos no arrastren a los estadounidenses a las deudas, y para poner un tope a los cargos y las tasas de interés. Los banqueros presionaron y tuvieron éxito en bloquear cualquier regulación del sector. La banca obstaculizó y sepultó proyectos como los de "prohibición del marketing de las tarjetas de crédito para estudiantes universitarios" y "topes para las tasas de interés".

Pero el lunes 22 de febrero de 2010, las peligrosas prácticas del sector de las tarjetas de crédito sufrieron un golpe considerable. Fue un buen día largamente esperado por los estadounidenses, y un día de ajuste de cuentas para los bancos. Entró en vigor una ley que puso a los bancos frente a la posibilidad de perder miles de millones en ganancias. A pesar del tremendo poder del lobby bancario, se aprobó la Ley de Responsabilidad y Transparencia de las Tarjetas de Crédito o Ley CARD, por sus siglas en inglés. Las reformas que incluye no solo impiden que los bancos hagan marketing dirigido a estudiantes universitarios, sino que establecen la ilegalidad de obtener tarjetas de crédito antes de los 21 años de edad sin la firma conjunta de los padres o del tutor. Este aval será responsable de cualquier cambio en la tarjeta y, por lo tanto, podrá seguir de cerca cuánto y dónde gasta el joven titular de la tarjeta.

El aval también tendrá la autoridad total para controlar el límite del crédito, lo que restringe el poder de los bancos para continuar ofreciendo a los estudiantes líneas de crédito más grandes una vez que han contraído deudas. Y ya no se puede repartir pizza, refrescos ni camisetas entre los estudiantes universitarios para inducirlos a llenar solicitudes de tarjetas de crédito.

Además, la nueva ley obligará a los bancos a aplicar cualquier nuevo pago a los saldos de las tarjetas a las tasas de interés más altas primero, de modo que ya no podrán sepultar la deuda de alto interés debajo de la deuda a bajo interés, donde no la puede tocar.

Los banqueros ya no podrán permitir que los titulares de tarjetas superen el saldo disponible para cobrarles luego un cargo por exceder el límite.

Nunca más usted será inscrito automáticamente en una protección contra la superación del límite, ni se le cobrará más cuando lo haga.

Los bancos tampoco podrán cobrar varios cargos por cada transacción que exceda el límite.

Las compañías de tarjetas de crédito ahora deben procesar los pagos el mismo día que los reciben. Ya no pueden retener los pagos hasta pasada la fecha de vencimiento para que se genere un cargo por retraso.

Los banqueros ya no pueden endeudarlo a una tasa de interés baja, y luego aumentarla al 30% sobre su saldo completo debido a un pago atrasado en otra tarjeta de crédito.

La reforma más profunda de la Ley CARD es un elemento de educación financiera. A partir del 22 de febrero de 2010, los bancos deben imprimir en todas sus declaraciones el tiempo que se tardará en saldar la deuda con la tarjeta de crédito, cuando se hacen pagos mínimos.

Aunque en el ámbito del sistema crediticio ahora están en vigor varias leyes nuevas importantes para proteger a los consumidores, los bancos aún distribuyen mes a mes millones de solicitudes de tarjetas de crédito y hacen todo lo posible para superar tácticamente la Ley CARD. El público aún está dolorosamente endeudado, la Ley CARD no es retroactiva, y no hay motivo alguno para apoyar a los bancos y sus compañías de tarjetas de crédito, especialmente cuando las cooperativas de crédito pueden atender todas sus necesidades bancarias.

Quizá usted empieza a comprender que la gran banca no desea que la educación financiera esté a su disposición, ya que una educación financiera precisa y veraz sería sumamente destructiva para las ganancias de todos los bancos grandes.

Capítulo 11

LA VERDAD SOBRE SU PUNTAJE CREDITICIO

Tenga en cuenta que las fórmulas de puntaje crediticio tienen un objetivo fundamental: ayudar a los acreedores a determinar la probabilidad de que deje de pagar sus préstamos basado en cómo maneja su crédito. Su puntaje crediticio se puede ver afectado si usted deja de usar crédito o lo usa de una manera que no le guste a las fórmulas, como solo usar una tarjeta, cerrar varias cuentas o usar sus tarjetas hasta el tope del límite.

−Liz Weston, MSN Money

La primera mentira acerca de establecer su puntaje crediticio es que se trata de la solución a todos los problemas financieros de la vida.

La verdad es que es el proceso de obtener un buen puntaje crediticio puede ser la causa de sus problemas económicos.

Es posible que sus padres, que posiblemente tenían buen crédito, les hayan contado el mismo cuento sobre la importancia de tener el mejor puntaje crediticio posible.

No se dice nada (o se calcula honestamente) de cómo sus padres y abuelos (quienes también pueden haber tenido buen crédito) han pagado millones en intereses para mantener sus puntajes altos. Los bancos siguen vendiendo la mentira, una mentira que nunca ha sido puesto a prueba, simplemente se pasa y consolida como la verdad.

Cuando un banquero habla sin parar de los beneficios de adquirir un buen crédito, los clientes deben tener cuidado. Esta es la verdad del asunto: si toma un préstamo del banco y paga interés, califica para pedir más préstamos y pagarle más intereses al banco. Y entonces verá cómo se eleva su puntaje crediticio. Suena razonable ¿verdad?

La próxima vez que escuchen a alguien decir "necesito buen crédito", tal vez quieran responder con la misma pregunta que yo hago. Yo solo pregunto: "¿para qué?"

Aquí tienen otras preguntas a considerar:

"¿Cuánto le han quitado los intereses a mi familia para pagar préstamos de automóviles, tarjetas de crédito e hipotecas para la casa?"

"¿Dónde estaría mi familia económicamente si hubiera invertido los pagos de intereses para nuestro beneficio?"

"¿Si continúo siguiendo la asesoría del banco para obtener buen crédito, quién es el que se beneficia a fin de cuentas?"

A pesar de las nuevas regulaciones de la Ley CARD que mantiene los bancos a raya, creo que con el tiempo, obtendrán acceso de nuevo a las instituciones educativas de Estados Unidos, para convencer a los estudiantes de que tomen préstamos como lo han hecho en el pasado. Deben asegurar esta futura base de clientes y comenzar a plantar las semillas del buen crédito. Sin semillas no puede haber cosecha. Y sin cosecha ¿cómo puede su banco seguir el ritmo de las futuras exigencias de Wall Street?

En mis años de trabajo con cientos de personas de la clase media de Estados Unidos he aprendido:

No se necesita pedir préstamos de un banco para tener buen crédito.

Y no se necesita pagar intereses para tener buen crédito.

Desde el punto de vista de un banquero, un buen crédito lo alienta a comprar más cosas fuera de su alcance y esto lo ata aún más fuertemente al sistema bancario.

Se puede comprar una casa con buen crédito, pero muy pocos se convertirán en propietarios de esas casas debido a las cosas que se pueden comprar con buen crédito.

Se han perdido millones de casas que fueron adquiridas con buen crédito porque se alentó a los consumidores a que pidieran más préstamos para comprar muebles, aparatos electrónicos y hacer mejoras a la casa. Los puntajes crediticios se elevan por cierto tiempo, pero con el tiempo la deuda es demasiado alta. La gente se ver forzada a refinanciar más de una vez, lo que resulta en mayores costos de hipoteca. Y así, las ejecuciones hipotecarias se convierten en una situación común.

El objetivo puede ser tener buen crédito —sin pedir prestado de un banco— y no pagar interés, o muy poco, por el resto de su vida. Y si necesita pedir prestado, use una cooperativa de crédito, no un banco.

Ningún libro sobre la banca estaría completo sin una breve descripción de los clientes para quienes los bancos tienen nombres específicos en inglés: los "revólveres" (del inglés revolver) y los peso muerto (del inglés deadbeats). La mayor parte de las ganancias de los bancos vienen de los "revólveres", quienes en el sector de las tarjetas de crédito, son los millones de personas que mantienen un balance en sus tarjetas cada mes y pagan intereses al banco con muy poca, o prácticamente ninguna, reducción del principal. Ellos se limitan a mantener un saldo revolvente.

Todos los meses sin falta llenan los bolsillos de los ejecutivos bancarios, sin saber el costo real de descuidar su deuda. A causa de esto, estas personas permanecen al borde del abismo financiero, y con un paso en falso, el mal crédito será el menor de sus problemas.

Los revólveres son los favoritos de los banqueros, saben que con un saldo de $10,000 con un pago del 2%, o $200, y con una tasa de interés del 24%, el costo al titular de la tarjeta de crédito es de $2,400 al año ¡$200 al mes!

Esta sencilla formula muestra por qué todas las compañías de crédito inducen a los clientes a que aumenten sus líneas de crédito al máximo, al mismo tiempo que reducen los pagos mínimos. Esta ecuación puede atrapar a los clientes en deudas indefinidamente.

Los revólveres, lo que los bancos llaman su "punto ideal", nunca escaparán de la carga de sus deudas. Lo más perturbador de esto es que la mayoría de estos revólveres tienen suficiente efectivo en sus cuentas de ahorro para reducir gran parte de sus saldos. Algunos tienen más que suficiente para pagar todas sus deudas de tarjetas de crédito, pero no lo hacen. Estas personas de hecho piden prestado su propio dinero con altos intereses y el banco les cobra por eso. Los revólveres mantienen sus cuentas de ahorro en el banco, reciben poco o ningún interés, pero siguen haciendo pagos mínimos a sus tarjetas de crédito, todo en el nombre de tener buen crédito.

"Tengo buen crédito porque tengo un saldo en mi tarjeta de crédito" son las palabras que usan los revólveres a la vez que los pagos interminables de intereses a los bancos les quitan su futuro.

Los banqueros no quieren que se sepa que a puertas cerradas están marcados como revólveres, porque son una de sus mayores fuentes de ingresos. Aún si no quieren ser revólveres, no escaparán de la mira de los banqueros con su excelente puntería, gracias a su complejo software, para mantenerlos con deudas de tarjetas de crédito.

La mayoría de los estadounidenses desean un buen puntaje crediticio, pero desconocen los factores que hacen que esos puntajes suban o bajen. Una organización llamada Fair Issac Corporation es la encargada de mantener el puntaje FICO. Los bancos ven su puntaje para determinar cuánto le van a cobrar cuando pide un préstamo, y su acceso a lo que debería ser información privada sobre todo estadounidense que tenga cualquier tipo de crédito resulta abrumador. Los banqueros saben los detalles exactos de sus hábitos de gasto y, lo que es más importante, pueden identificar fácilmente a los revólveres. Irónicamente, llegan más sobres a su buzón con más solicitudes de tarjetas de crédito. Como la mayor parte de las ganancias de los bancos vienen de los revólveres, el objetivo del banco es hacer que se endeuden cada vez más pagando solo el mínimo y esto hará que, por supuesto, muchos de ellos sigan con deudas de por vida.

Por otra parte, los bancos odian a los "peso muerto". Los peso muerto en el sector de las tarjetas de crédito son los clientes que pagan todo su saldo cada mes y los bancos hacen muy poca o ninguna ganancia de ellos. En muchos casos los bancos pierden dinero con este tipo de cliente debido al costo de los premios y millas aéreas, al mismo tiempo que no obtienen ningún interés por su uso de la tarjeta.

Los peso muerto van a lujosas vacaciones a expensas del banco al usar sus tarjetas todos los meses y ganar puntos para estadías gratuitas en hoteles y millas aéreas.

De hecho, la búsqueda de revólveres y evitar hacer marketing a los peso muerto se ha convertido en un proceso de análisis de cantidades masivas de datos para determinar cómo y cuándo personas como ustedes gastan su dinero.

Si necesita tener una tarjeta de crédito, nunca sea un revólver, y saque el máximo provecho de las compañías de tarjetas de crédito al elevarse al nivel de "peso muerto".

Ahorrar dinero y establecer buen crédito es simplemente propaganda de los bancos con el único propósito de tenerlo atrapado en la matriz de deuda —donde las compañías de tarjetas de crédito de los bancos pueden hacer y cambiar las reglas cuando les dé la gana para asegurarse de que siempre llevan las de ganar— y usted siempre lleve las de perder.

Capítulo 12

EL DÉFICIT MORAL DE LA RESERVA FEDERAL

La mayoría de los estadounidenses no tienen un entendimiento real de las operaciones de los prestamistas monetarios internacionales. Nunca se han hecho auditorías del Sistema de la Reserva Federal. Opera fuera del control del Congreso y manipula el crédito fuera de los Estados Unidos.

–Senador Barry Goldwater

El tema de la Reserva Federal puede ser el contenido de todo un libro y ya se han escrito muchos libros al respecto.

Siguiendo con nuestro tema, sin embargo, es importante saber que la Reserva Federal es de hecho un banco privado que está autorizado por el gobierno de los Estados Unidos para imprimir dinero. No imprimen dólares estadounidenses, sino que pagarés de la Reserva Federal. Solo saque cualquier billete de dólar de su billetera. Junto con la foto de un presidente de Estados Unidos y las palabras "THE UNITED STATES OF AMERICA" (los Estados Unidos de América), también verá impreso en la parte superior "FEDERAL RESERVE NOTE" (Pagaré de la Reserva Federal).

Hubo una época cuando la gente no usaba el papel como dinero. Tenían verdaderas monedas de oro y plata. Pero como se imaginarán, cargar grandes cantidades de oro y plata podía resultar un poco pesado (y peligroso), así que los banqueros crearon una solución para este problema.

Propusieron guardar todo el oro y la plata en la bóveda del banco para tenerlo en custodia y emitirían un recibo, un pedazo de papel que designaba el valor equivalente. Los banqueros prometieron que se podía canjear el recibo en cualquier momento por el oro o la plata. Este papel (ahora llamado dinero) también se podía prestar y se podía cobrar interés sobre el préstamo.

Solo era cuestión de tiempo, cuando los banqueros se dieron cuenta de que pocas personas regresaban por su oro o plata al banco al mismo tiempo, simplemente empezaron a imprimir más papel y prestaban mucho más que las cantidades de oro y plata almacenadas en sus bóvedas. Los banqueros comenzaron a acumular grandes riquezas, robando millones en intereses.

Con el tiempo, la gente sospechó que no había prácticamente nada para respaldar el papel y muchos llegaron al mismo tiempo a recoger su oro y plata —y se expuso la estratagema del banco como algo completamente fraudulento.

Lo que es más importante de entender es que estos banqueros ni siquiera recibieron un tirón de orejas por sus delitos. Eran (y siguen siendo) muy influyentes con el gobierno y eso les dio protección de cualquier sanción por acciones indebidas.

El hecho de limitarse a imprimir números en papel y prestarlo suena irracional, ¿no? Pero este dinero de Monopolio es exactamente lo que llevamos en nuestras billeteras hoy. Billetes sin ningún tipo de respaldo.

Este papel que se nos ha dicho a todos que es dinero, simplemente se imprime y luego se presta a los estadounidenses como deuda. Y como con toda deuda, estos pagarés del banco federal se deben devolver con intereses.

Los contribuyentes de Estados Unidos avalan esos préstamos. Hoy, todos estamos eternamente endeudados con este banco privado fundado en 1913 llamado la Reserva Federal, pagando impuestos para mantenernos al día con los intereses cada vez más altos de la deuda.

La mayoría de los estadounidenses son conscientes de que se están endeudando cuando usan su tarjeta de crédito o firman la solicitud de una hipoteca, pero casi todos no entienden que ya llevaban mucho tiempo endeudados, desde antes de que solicitaran ese préstamo. Esa deuda ya existía con la Reserva Federal.

Es hasta ahora, cuando escribía este libro, que se empezó a examinar cuidadosamente por primera vez en más de cien años la pesada carga financiera que está matando a todos los contribuyentes. Finalmente, el congreso aprobó una ley para auditar la Reserva Federal. Me parece increíble que por más de un siglo nuestro gobierno, independientemente del partido que estuviera en el poder, dejó que la Reserva imprimiera dinero y que no se les hubiera permitido ni siquiera una vez ver los registros contables.

La pregunta es ¿cómo podemos salir de deudas, si seguimos pidiendo dinero prestado de este banco privado?

La solución es fácil: para que nuestro país se libere de esta antigua carga financiera, el congreso debe votar para erradicar la Reserva Federal e imprimir moneda estadounidense real y los contribuyentes públicos deben tener el escrutinio definitivo.

Es verdaderamente así de fácil.

Capítulo 13

¿CUÁNDO COSTÓ LA GASOLINA 99 CENTAVOS POR GALÓN?

"Estamos en peligro de ser abrumados con papel no canjeable, simple papel que no representa oro ni plata, no señor, que no representa nada más que promesas rotas, mala fe, corporaciones en quiebra, acreedores engañados y gente arruinada."

**–Daniel Webster,
en un discurso ante el senado, 1833**

En 1998, en California un galón de gasolina costaba 99 centavos. Ese mismo galón de gasolina hoy cuesta como cuatro dólares. Eso representa una inflación del 400% en solo 15 años.

Para la persona promedio la inflación significa "las cosas que compro con el tiempo se ponen más caras, ¿verdad?" Esto es cierto, pero no es toda la historia. Esta definición supone que el banco no tuvo nada que ver. El hecho es que los bancos son la causa principal de gran parte de la inflación y la Reserva Federal el principal causante. Como resultado, nos empobrecemos a un ritmo acelerado y los bancos son los culpables.

Podemos decir en pocas palabras que la inflación es imprimir un exceso de dinero. Entre más dinero imprimen, más dinero hay para tratar de adquirir la misma cantidad de bienes y servicios, lo que hace que los precios suban.

Sigue una pregunta fundamental: ¿por qué imprimir más dinero? Encontraremos la respuesta al examinar todas las maneras en que los banqueros del mundo nos están robando el futuro a todos.

Esto lo hacen inicialmente al imprimir dinero, el que luego registran como deuda ante la Reserva Federal. Esta impresión constante lleva a la inflación, lo que hace que su dinero pierda el poder adquisitivo. Luego, al apalancar y expandir el suministro de dinero (cuando se emiten deudas), los bancos más grandes causan aún más inflación.

Analicemos esto con un ejemplo específico:

¿qué pasaría si solo hubiera $100 USD disponibles para comprar todos los bienes y servicios de Estados Unidos? Esos $100 serían todo lo que habría en circulación para comprar todos los bienes y servicios del país. Lo más probable es que el costo de esos bienes y servicios no aumentaría, o lo haría muy lentamente. Si hubiera un incremento en el volumen de dinero a $200, ¿no se duplicaría el costo de esos bienes y servicios ya que habría $200 disponibles para adquirir la misma cantidad de bienes y servicios?

En el estado actual, la Reserva Federal, con la bendición de Washington, sigue imprimiendo dinero, intentando apoyar programas sociales y comprar votos. Y los bancos continúan aprovechando el dinero recién imprimido, utilizando solo los asientos bancarios para llevar un registro de la deuda.

Esto tenderá a ayudarles a estimular la economía al permitir que millones se endeuden mucho más con una palmadita en el hombro del banquero y sean premiados con buen crédito, al mismo tiempo que pierden el poder adquisitivo de su dinero.

Puede esperar que en cada año de elecciones, la Reserva Federal hará que todas las imprentas trabajen a toda máquina para estimular la economía y, en consecuencia, comprar más votos.

En el futuro, su papel moneda puede llegar a alcanzar su verdadero valor y volverse inservible. Recuerde, no importa si tiene un dólar en su billetera —solo importa lo que ese dólar pueda comprar. Si tiene un dólar en una cuenta de ahorros que crece a una tasa de rendimiento de .05% y la inflación está en 4%, el poder adquisitivo de su dólar está cayendo en un 3.95% por año.

Es sin duda una batalla perdida.

Capítulo 14

WASHINGTON AL DESCUBIERTO

No creo que sea una exageración decir que la historia es en gran medida una historia de inflación, por lo general inflaciones diseñadas por los gobiernos para el beneficio de los gobiernos.

**–Friedrich Hayek,
economista galardonado con el Premio Nobel**

S i alguien tuvo la suerte de asistir a una clase economía o negocios, es posible que se le haya dicho que la tasa promedio de inflación a largo plazo es del 3%. Si bien esta es la tasa que el gobierno normalmente anuncia, aquí hay gato encerrado.

¿Se ha dado cuenta de que las cosas que compra suben de precio más del 3% cada año? Yo sí que me he dado cuenta, pero ¿quién soy para llevarle la contraria al gobierno? Soy solo el hijo de un albañil. Ya dejándonos de bromas, el hecho es que el 3% de inflación representa una verdad a medias, implica una estrategia similar a la que usan algunos al calcular sus impuestos, un poco de contabilidad creativa.

Para dar un ejemplo, digamos que un señor que se llama Phil gana $100,000 de ingresos su primer año. Por supuesto, Phil declara esto al IRS (Servicio de Impuestos Internos).

El siguiente año Phil gana $200,000, pero solo declara $100,000 de ingresos. Con un poco de contabilidad creativa, su explicación al IRS es la siguiente: "Trabajé el doble el segundo año, por eso, no gané el doble de ingresos." Él esperaría que al escuchar esta explicación tan completamente razonable, el IRS diría: "Eso tiene sentido" y dejaría que Phil siguiera su camino. Pero sabemos lo absurdo que es este ardid. El IRS mandaría a Phil a la cárcel por su "creatividad".

No obstante, el gobierno usa todo tipo de formas similares

de contabilidad creativa para ocultarle al público la verdadera tasa de inflación, sobre todo después del pico de inflación de 1980.

U.S. Annual Inflation Rate

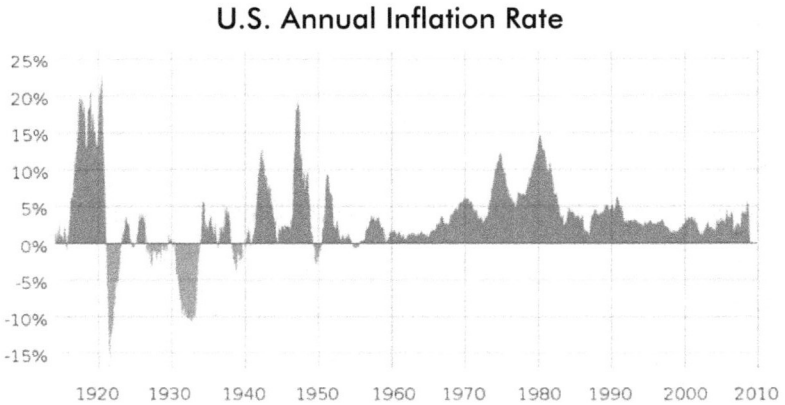

Lo que no es de conocimiento general es que en 1980 el gobierno eliminó los alimentos y el combustible de la tasa de inflación anunciada públicamente.

Debería preguntarse "¿por qué el gobierno reporta una tasa de inflación descaradamente falsa al pueblo de Estados Unidos?"

La respuesta es perturbadora.

El gobierno promete constantemente mantener ajustados a la inflación las pensiones, el seguro social, Medicare, Medicaid, los salarios del gobierno y otros programas de asistencia social. Así que en lugar de pagar lo que deben, limitarse a mentir sobre la tasa de inflación es una solución más factible.

Si la Oficina de Estadísticas Laborales (el BLS, por sus siglas en inglés) estuviera autorizada a informar la tasa de inflación real, el gobierno estaría en riesgo de irse a la quiebra. En lugar de enfrentar esa eventualidad, el gobierno manipula e inventa su propia fórmula para calcular la inflación. La alternativa de subir los impuestos y despedir empleados del gobierno sería inmensamente impopular y ciertamente provocaría la pérdida de votos. Se podrán preguntar: "¿y qué tiene que ver todo esto con la banca?"

Considere esto: si el gobierno informara la tasa de inflación real, tendría que ajustar los costos de las pensiones, los beneficios del seguro social, los salarios del gobierno y otros programas de asistencia social a tasas no manipuladas.

¿De dónde sacarían el dinero para hacer eso? Imprimiéndolo.

Imagínense por un momento, si la Reserva Federal se limitara a imprimir más dinero para mantener el paso de una inflación creciente y los bancos convirtieran ese dinero en deuda —eso provocaría aún más inflación.

Una mayor rapidez del aumento de la inflación haría que el gobierno tuviera que pagar más para ajustarse a ella y tendría que imprimir más dinero.

Es muy difícil detener este círculo vicioso una vez que inicia, es como una bola de nieve que se expande a medida que rueda cuesta abajo. Mientras Washington y la Reserva Federal estén a cargo de las imprentas, la bola de nieve será imparable, siempre cobrando impulso y agigantándose.

¿Cómo contribuyen la mayoría de las personas a este ciclo? Cada dólar ahorrado en una cuenta de banco o que se tome prestado en una tarjeta de crédito le agrega volumen a la bola de nieve.

Así que salir de deudas y nunca ahorrar de nuevo en un banco tendrán un efecto mucho más positivo en el futuro de este país de lo que piensan muchos. Los resultados de dejar la banca para siempre es que los banqueros del mundo se harán más pobres mientras que los estadounidenses serán económicamente libres.

Ahora estamos listos para ver cómo las manipulaciones financieras de los bancos y el gobierno crean este círculo vicioso y cómo nos afecta a todos.

Nuestro gobierno, bajo el dominio de los banqueros, promueve gastar, no ahorrar ni invertir. La salud de nuestro país se mide con empresas de encuestas como la "Consumer Confidence Survey" (Encuesta de Confianza del Consumidor), que mide las tendencias de gastos. Si gastamos más, decimos que tenemos más confianza y celebramos nuestros gastos crecientes, y eso nos dice que la economía está prosperando. El hecho es que las personas están gastando dinero que no tienen y endeudándose cada vez más.

Es evidente que la estabilidad del país está basada en ahorrar, no en gastar lo que no tenemos. Desgraciadamente, pagar nuestra deuda se considera una economía a la baja.

Los bancos están decididos a mantener la ignorancia financiera del pueblo estadounidense y constantemente desestabilizan la salud de nuestra economía.

Nuestros padres fundadores no aprobarían la dirección en la que va el país, el tamaño y el control del gobierno, el nivel de impuestos que se impone al pueblo y ciertamente no aprobarían el poder de las grandes corporaciones para influir en las leyes.

Wall Street no practica el capitalismo en sí, se trata de robo y ambición disfrazados de capitalismo, y actualmente bajo la protección de un gobierno cada vez más grande.

No hay competencia y lo mejor que los bancos tienen que ofrecer ha resultado en la esclavitud de millones y una espiral descendente de caos financiero. Winston Churchill dijo una vez con humorismo:

"El vicio inherente al capitalismo es el desigual reparto de la riqueza; la virtud inherente al socialismo es el equitativo reparto de la miseria".

El hecho de que nuestro gobierno permita la práctica de la banca de reserva fraccionaria lo mantiene a usted y a su familia en deuda constante, pidiendo prestado dinero que no existe y a final de cuentas causa la pérdida de su poder adquisitivo. Debemos comenzar una revolución popular y cerrar nuestras cuentas de ahorro y CD de los bancos y refinanciar toda nuestra deuda con las cooperativas de crédito locales. Quizás un día, como era la esperanza de Abraham Lincoln, recuperaremos el país de las manos de los bancos.

Capítulo 15

EL SEGURO SOCIAL BAJO EL MICROSCOPIO

Si no ocurren cambios, en 2033 el Fondo Fiduciario del Seguro Social solo podrá pagarle 77 centavos por cada dólar de beneficios programados.

—Su declaración del Seguro Social

De con todos los esquemas de Ponzi, el seguro social puede ser el más grande de todos y el colapso final es el destino de todos ellos.

Cuando era adolescente, mi mamá me llamaba "Money Mark" (Mark el adinerado) Tenía el propósito de ser rico y recuerdo mi primer intento de asegurar mi libertad financiera cuando era solo un adolescente. Recibí esta carta que me ofrecía una enorme ganancia por mi dinero. Estaba muy emocionado. Todo lo que tenía que hacer era comprar una lista de nombres y direcciones de una compañía, enviar billetes de un dólar por correo y en cuestión de meses yo sería millonario, ya que miles de personas me enviarían sus billetes de dólar por correo. ¡Sería rico en mi adolescencia!

Había todo tipo de historias verdaderas de personas que recibieron $100,000 o más, simplemente por comprar una lista y enviar su dinero por correo. Era solo cuestión de tiempo y así cada tarde revisaba el correo esperando mi primera avalancha de cheques, que naturalmente nunca llegó.

¿Qué sabía yo de los esquemas de pirámides? Pero no me iba a detener ya que era Money Mark y era además joven, resistente y no me dejaba desalentar. Por Internet encontré una segunda oportunidad que tenía la solidez de una roca, era una nueva empresa internacional que tenía gran potencial para altas tasas de rendimiento. Buscaban unos pocos inversionistas que les dieran el capital inicial para arrancar, así que les envié un cheque para poner mi dinero a trabajar arduamente por mí. Creo que pueden adivinar el final de la historia.

Aprendí muchas lecciones valiosas y algunas reglas para hacer inversiones: En primer lugar, descubrí que no hay tal cosa como hacerse rico rápido.

En segundo, aprendí lo que eran los esquemas de pirámides y, lo que es más importante, a no invertir en ellos.

Tercero, aprendí lo que eran los esquemas de Ponzi y a no invertir en ellos tampoco.

El originador del esquema fue Charles Ponzi, tan infame por su estafa, que le dieron su nombre al asunto.

Después de la Primera Guerra Mundial, Ponzi le prometió a sus clientes un 50% de utilidades en 45 días, o 100% en 90 días al comprar cupones de respuesta de correo de otros países y canjearlos al valor nominal en Estados Unidos. Cuando corrió la voz de que unos pocos inversionistas iniciales estaban obteniendo las ganancias prometidas, miles más invirtieron. Ponzi le pagó a los primeros inversionistas con el dinero de los nuevos y se quedó con la mayor parte.

Solo otro hombre en la historia hizo que el término, esquema de Ponzi, fuera más famoso que su creador, Bernie Madoff, quien cumple una sentencia de ciento cincuenta años en prisión por su estafa de sesenta y cinco mil millones de dólares. Incluso engañó a su propia hermana, Sondra Wiener, y le robó presuntamente tres millones de sus ahorros.

A grosso modo, los esquemas Ponzi funcionan así:

primero, se toma dinero de inversionistas iniciales (como en mi caso cuando era adolescente) y se le promete una tasa alta de rendimiento de su inversión. Cuando esos inversionistas comenzaron a recibir ganancias de la organización, empezaron a contarle a otras personas sobre las excelentes utilidades que recibían de su dinero. Lo que los primeros clientes no sabían es que sus ganancias no provenían de inversiones legítimas, sino del efectivo de las nuevas personas que iniciaban su inversión. Eventualmente el esquema colapsa cuando los inversionistas comienzan a sospechar y llegan todos al mismo tiempo a retirar su dinero.

Esa es la clave para identificar los esquemas de Ponzi. Si llegan demasiados inversionistas al mismo tiempo a retirar su dinero y no hay suficiente dinero para pagarle a todos, estamos frente a un esquema de Ponzi.

Ahora que entienden cómo funcionan los esquemas de Ponzi, surge la pregunta: ¿es la Administración del Seguro Social la misma cosa?

Todo cheque de pago en Estados Unidos se emite tras hacer las deducciones por impuestos federales, estatales y al fondo FICA (siglas en inglés del Federal Insurance Contribution Act,

Ley de Contribución al Seguro Social), el cual fue creado para pagar por Medicare y el Seguro Social, y su deducción correspondiente es bastante significativa.

Muchas personas que comienzan a hacer aportaciones al sistema del Seguro Social hoy día nunca verán su dinero en su jubilación. Es casi seguro que se puede perder este histórico programa de asistencia social para las futuras generaciones y es mejor que nos preparemos con alternativas.

Los dueños de negocios y los ricos saben que el sistema de Seguro Social no es nada más que un gigantesco esquema de Ponzi y no esperan ningún rendimiento de su inversión.

Saben que si demasiados inversionistas llegan al mismo tiempo a retirar su dinero y no hay suficiente para pagarle a todos, invirtieron en un esquema de Ponzi.

Hay 80 millones de personas de la generación de la posguerra (baby boomers), cada día 11 mil de ellos cumple 65 años y lo seguirán haciendo hasta el año 2029. Estados Unidos está en una crisis de deuda masiva, en la que debe billones a beneficiarios de edad avanzada del Seguro Social, así como enormes sumas a otros programas de asistencia social como Medicaid y Medicare. Todos los meses los estadounidenses invierten confiadamente en los pagos al fondo FICA, invirtiendo en un esquema de Ponzi aprobado por el gobierno.

A fin de manejar nuestra monumental deuda, el gobierno

está tomando prestado del fondo, asimismo imprimen más y más dinero para hacer los pagos crecientes de la deuda con la Reserva Federal (y China). Básicamente, el dólar corre el riesgo de convertirse en una moneda sin valor, y de que todo el sistema colapse, como con todos los esquemas de Ponzi.

No hay excepciones, es solo cuestión de tiempo.

Es muy importante que actualice sus conocimientos financieros, que aprenda a multiplicar su dinero fuera de los bancos y que lo mantenga trabajando para usted en ambientes libres de impuestos, ya que sus ahorros personales es todo con lo que puede contar si planea jubilarse.

Recuerde dos reglas sencillas a medida que recorra el camino a la independencia financiera:

Regla n.o 1: Debe mantener su dinero fuera de los bancos.

Regla n.o 2: Debe mantener su dinero (legalmente) alejado del gobierno.

PARTE DOS

NO MÁS BANCOS

Capítulo 16

COOPERATIVAS DE CRÉDITO: SEA DUEÑO DE SU BANCO

Una cooperativa de crédito no es un interés financiero usual que busca enriquecer a sus miembros. Tampoco es una compañía de préstamos bancarios que busca obtener ganancias a costa de los desafortunados. La cooperativa de crédito no es nada de eso, en el campo de la economía, es una expresión de un alto ideal social.

**Alphonse Desjardins,
Alcalde de Montreal y Ministro
del gabinete, 1841 a 1912**

Muchos de mis clientes no están del todo seguros qué es en realidad una cooperativa de ahorro y crédito. Si les pregunto, casi siempre me dicen: "son bancos más pequeños y no creo reunir los requisitos para unirme a una".

En ambos puntos, están muy equivocados.

La siguiente definición de lo que es una cooperativa de crédito nos será muy útil:

"Una institución financiera sin fines de lucro de propiedad integral y operada por sus miembros."

Las cooperativas de crédito proporcionan servicios financieros a sus miembros, incluidos ahorro y préstamos. Muchas organizaciones grandes así como empresas pueden establecer cooperativas de ahorro y crédito para sus miembros y empleados respectivamente. Para hacerse miembro de una cooperativa, normalmente la persona debe formar parte de la organización participante, por ejemplo una universidad, una asociación de exalumnos o un sindicato, pero muchas solo requieren que viva, trabaje, vaya a la iglesia o a la escuela en el área, o que sea pariente de un miembro actual. Cuando una persona deposita dinero, se convierte en miembro y dueño de la cooperativa de crédito porque su depósito le otorga propiedad parcial.

Un artículo del diario New York Times del 2 de febrero de 2010, titulado "The Least-Trusted Banks in America" (Los bancos en los que menos confía Estados Unidos) afirmaba:

"Los clientes que tienen la menor probabilidad de creer que su institución financiera hará lo mejor por ellos y no por el bien de las ganancias son los de los bancos más importantes de Estados Unidos, de acuerdo a un informe de Forrester Research".

Según este artículo, alrededor del 70% de los estadounidenses piensa que sus bancos tomarán decisiones basándose en las ganancias, en lugar de lo que es beneficioso para sus clientes. Por otro lado, la encuesta descubrió que los clientes de cooperativas de crédito opinan que sus organizaciones tomarán decisiones basados en el bien de ellos aproximadamente el 70% del tiempo.

Afortunadamente, y es algo bastante reciente, muchas cooperativas de crédito no requieren que las personas tengan un estatus especial para afiliarse más que vivir en el área, y varias piden una pequeña cuota de membresía, como $10, y a menudo ese dinero se destina a organizaciones de beneficencia.

El Consejo Mundial de Cooperativas de Ahorro y Crédito afirma que hay más de 200 millones de miembros en todo el mundo. Y solo en Norteamérica (en 2012) hay más de 7,794 cooperativas de crédito con más de 109,000,000 miembros.

En el 2008, cuando muchos estadounidenses necesitaron sus ahorros y CD descubrieron que solo estaban asegurados hasta $100,000. Para muchos que habían trabajado toda su vida con ahorros de $250,000 depositados en CD y que esperaban seguridad al 100% de su banco, bien pudieron haber perdido hasta $150,000.

Recuerden, los banqueros no guardan su dinero en realidad en las bóvedas. Lo hacen trabajar para ellos en inversiones especulativas y es muy posible que lo pierdan todo. Si hubiera otra crisis económica como la que vimos en el 2008 y demasiados clientes llegaran al mismo tiempo a retirar su dinero, solo habrá una fracción disponible allí.

Por fortuna, las cooperativas de crédito no se involucran en las prácticas de banca de reserva fraccionaria. Asimismo, la gran mayoría (alrededor del 98%) son cooperativas de ahorro y crédito "federales" —aseguradas por el Fondo Nacional de Seguro de Cooperativas de Crédito (NCUSIF por las siglas de National Credit Union Share Insurance Fund), que es respaldo por la plena fe y el crédito del gobierno de Estados Unidos. Además, como las cooperativas de crédito no invierten de forma especulativa, se reduce considerablemente el riesgo de que pierdan su dinero. De hecho, ningún miembro de una cooperativa de crédito asegurada federalmente ha perdido un tan solo centavo de ahorros asegurados.

En realidad, casi todos nosotros necesitamos algún tipo de institución para nuestras transacciones diarias: depositar cheques de pago, accesar nuestro dinero y obtener préstamos para casas o automóviles. Las cooperativas de crédito son una alternativa superior al banco.

En las cooperativas normalmente no lo alientan a obtener muchas tarjetas de crédito.

Pagan tasas más altas de interés en cuentas de ahorro y CD que un banco.

Son más confiables y nunca han recibido un rescate financiero a expensas de los contribuyentes.

Tienen redes más amplias de cajeros automáticos y en consecuencia tendrá mejor acceso a su dinero sin cargos adicionales.

Hace años estaba en un apuro y necesitaba un préstamo de unos cuantos cientos de dólares de mi tarjeta de crédito. Tenía una tarjeta emitida por un banco en ese entonces. No solo me cobraron un cargo por transacción del 5%, sino que también me penalizaron con una tasa de interés del 29.99% para ayudarme en mi emergencia. Esta experiencia me tocó muy hondo y me hizo aprender una importante lección. Los banqueros te patean más fuerte cuando estás caído y ya estás sangrando económicamente.

Hoy, como cliente de una cooperativa de crédito, puedo obtener un anticipo en efectivo de mi tarjeta de crédito (emitida por la cooperativa de crédito) sin cargos por transacción y una tasa de interés fijo del 10 por ciento. Ahora, tal vez no necesite hacer esto, pero es bueno saber que mi cooperativa de crédito no me va a patear en caso de emergencia si necesito ayuda.

Incluso les he aconsejado a mis clientes que saquen un préstamo sobre el valor neto de su automóvil para pagar tarjetas de crédito con 24% de interés. Al tomar un préstamo al 2-4% del valor neto de su carro para pagar una deuda del 24% de interés le puede ahorrar una fortuna en intereses, e impulsarlo a salir de deudas al mismo tiempo que hace pagos. Aún sin tener un carro como derecho prendario, las cooperativas de crédito hacen lo más que pueden para ayudarle a bajar las tasas de interés de sus tarjetas de crédito a un solo dígito.

La mayoría de estadounidenses no aprecian o no confían en sus bancos, y con buena razón, pero a menudo no saben que otra alternativa tienen. Se conforman con la conveniencia de las múltiples sucursales de los megabancos, así como también de tener acceso a su dinero en miles de cajeros automáticos, a pesar de los cargos adicionales que les cobran cuando usan cajeros de la competencia.

Las cooperativas de crédito son más eficaces en ambos casos. En todo Estados Unidos ofrecen el mejor acceso a su dinero sin cargos adicionales. La mayoría de las cooperativas de crédito son parte de una red nacional llamada la red CO-OP, a través de la cual nunca tendrá que pagar otro cargo de cajero automático para tener acceso a su dinero. Puede retirar su dinero en todo Estados Unidos y Canadá sin pagar cargos. ¿Cómo?

Como dice el eslogan, "gracias al cielo por 7-Eleven" por ayudarme a tener acceso a mi efectivo sin que me robe un banquero.

Vaya al sitio web de su cooperativa de crédito local y busque el logo de la red CO-OP

Mi propia cooperativa dice lo siguiente:

"Bienvenido a CO-OP, la red más grande de cajeros automáticos exclusivos de cooperativas de crédito en el país. Como miembro de la red CO-OP de las cooperativas de crédito, su tarjeta de cajero automático le da acceso a más de 30,000 cajeros automáticos sin cargo adicional en todo el país. Esto incluye 9,000 cajeros que aceptan depósitos y 5,500 ubicaciones de 7-Eleven en todo Estados Unidos y Canadá."

Recuerde, solo los cajeros automáticos de la Red CO-OP le garantizan acceso a su dinero sin cargos adicionales.

Hay un 7-Eleven o un cajero de una cooperativa de crédito casi en cada esquina, pero solo si usted es miembro de una. También puede sacar dinero en Costco y Walgreens a través de la misma red y continúan agregando cajeros todo el tiempo. No se puede decir lo mismo de su banco. En realidad los bancos dicen ser más convenientes porque tienen más cajeros automáticos, pero no es cierto.

Al momento de escribir este libro, el mega banco más grande tiene aproximadamente 16,200 cajeros en todo el país, mientras que la red de cooperativas de crédito tiene más de 30,000 cajeros SIN CARGO, lo que incluye los de 7-Eleven, Walgreens y Costco.

Incluso puede usar su teléfono celular para encontrar un cajero automático sin cargos. Solo envíe un texto a MYCOOP (692667) desde su celular con una dirección (con ciudad y estado), código postal o intersección. En 30 segundos, el servicio le contestará con el cajero de la red más cercano.

Baje una APP a su teléfono celular al buscar "COOP ATM". Esta aplicación le dará una manera más fácil de encontrar cajeros automáticos de la red.

Vaya a www.movecu.com y haga una búsqueda para encontrar cooperativas de crédito en su zona.

Use la cooperativa de crédito para pagar sus cuentas y manejar los gastos a corto plazo y hable con su cooperativa de crédito sobre cómo refinanciar todas las deudas de que tenga de los bancos, lo que puede reducir sus tasas de interés drásticamente. En promedio, las cooperativas de crédito tienen tasas mucho más bajas para préstamos de automóviles y tarjetas de crédito.

Luego enfóquese en eliminar sus deudas de tarjetas de crédito en su totalidad.

Únase a la revolución de las cooperativas de ahorro y crédito al compartir este libro con tres amigos o familiares, inspíreto a que cierren sus cuentas de banco y que encuentren una cooperativa de crédito.

Busque y explore diferentes cooperativas de crédito para encontrar las mejores tasas de interés, acceso a servicios para negocios (si los necesita), el mejor servicio, el personal más amable y la mejor experiencia en general. Incluso haga que las cooperativas compitan para tenerlo como cliente.

Capítulo 17

ASESORES FINANCIEROS

Mis dos reglas para invertir: Regla número uno: nunca pierdas dinero.
Regla número dos: recuerda la regla número uno.

–Warren Buffett

Hay un asesor allá afuera que les dará consejos financieros honestos, no para su beneficio personal sino para el de sus clientes. Haga preguntas y busque al que responde con paciencia. A medida que vaya estableciendo una relación con un asesor, recuerde que su educación financiera es tan importante como la forma en que invierte su dinero.

Tenga cuidado de los que solo le digan: "confíe en mí, se lo que estoy haciendo".

Hay muchos tipos de asesores a quienes les gusta usar "asesor financiero" para describir lo que hacen, muchos no lo son en realidad y más bien representan los intereses de la compañía para la que trabajan, no los suyos.

Aquí tenemos los cinco tipos: asesores de banco, asesores "cautivos", vendedores de seguros, agentes de bolsa y asesores independientes.

Muchos asesores de banco tienen requisitos mínimos de inversión de miles de dólares antes de alentarlos a ayudarle. Su motivación es mantener cuotas y pueda que no tengan incentivos para generar riqueza a largo plazo para sus clientes, muchos representan los fondos mutuales de sus empleadores para maximizar las ganancias para los accionistas.

Los asesores "cautivos" solo venden productos financieros de inversión de las compañías para las que trabajan. Tratarán de convencerlos de que sus oportunidades son las mejores, pero es imperativo que usted tenga acceso a más de lo que ellos puedan ofrecer, ya que sus productos pueden ser inferiores a lo que está disponible en el mercado. Tienen cuentas por pagar y siempre deben vender, vender, vender para poder mantenerse al día con los pagos de sus propias deudas.

Los vendedores de seguros solo están autorizados a vender productos basados en seguros y muchos venden pólizas de seguros de vida entera de bajo interés que tienen un rendimiento garantizado del 3 al 4%, con la supuesta ventaja de crecimiento con impuestos diferidos. ¿Pero cómo son seguras estas inversiones si solo ganan un 3 o 4% cuando la inflación es del 4%? La verdad es que cuando incluye la inflación tiene garantizado que su dinero no ganará nada con muchos de estos productos de seguro. Y cuando estas aseguradoras le dan una baja tasa de rendimiento, están usando su dinero para invertir a una tasa más alta para ellos mismos, como los bancos.

Los agentes de seguro a menudo no le dicen que si saca dinero prestado de su póliza de inversión, le cobrarán un 8% aunque usted solo gane un 4% al año. Cobrarle un 8% mientras que usted solo recibe un 4% parece casi tan turbio como las mentiras que fluyen tan libremente de boca de los banqueros de Wall Street.

Es difícil encontrar buenos agentes de bolsa y muchos solo trabajan con inversionistas con alto nivel de conocimientos y alto poder de inversión. Quizás usted sea el tipo de persona que abrió una cuenta de inversión en línea para comprar unas cuantas acciones y hacer la prueba. Lo más probable es que haya ganado y perdido un poco de dinero, lo que puede ser una parte importante de mejorar su cociente intelectual financiero. Si decide elegir las acciones usted solo, asegúrese de no experimentar con dinero que no pueda darse el lujo de perder.

Los asesores independientes normalmente trabajan de forma autónoma y tienen su propio negocio, lo que quiere decir que muchos tienen un interés a largo plazo de generar riqueza para sus clientes. Esto sería claramente su mejor opción pero asegúrese de que no solo vendan productos de seguro porque sus circunstancias financieras pueden necesitar otras alternativas.

Tenga en cuenta que solo porque se hagan llamar "independientes" no quiere decir que sean competentes. Muchos asesores simplemente no saben la diferencia entre un fondo mutual bueno y uno malo. Esto me consta porque con los años he revisado cientos de planes de profesionales financieros (independientes, vendedores de seguros, agentes cautivos y asesores del banco) y he descubierto que muchas cuentas de inversión están llenas de fondos mutuales de mala calidad, fondos que rinden menos que la bolsa de valores.

Muchas cooperativas de ahorro y crédito ofrecen los servicios de asesores independientes que velan por el interés de sus clientes. Normalmente no tienen cuotas y las cooperativas no promueven sus propios fondos mutuales, así que no tienen lealtad por un banco o una compañía específicos. Como las cooperativas son organizaciones sin fines de lucro, por lo general no lo enviarán de nuevo con el cajero para que le ofrezca una tarjeta de crédito con una tasa inicial de 0% como cliente preferido.

Trabajar con un buen asesor puede ayudarle a mantener su dinero libre de los bancos y posiblemente también libre de impuestos.

El siguiente capítulo cubre cómo revisar sus propias inversiones y determinar qué opciones son mejores para usted.

Capítulo 18

AHORRO A CORTO, MEDIANO Y LARGO PLAZO

A la larga, no solo se trata de cuánto dinero ganas para determinar tu prosperidad futura. Se trata de cuánto dinero pones a trabajar al ahorrar e invertirlo.

–Peter Lynch

Las personas de este país compraron más vino y café que oro en el 2000, estaban comprando bienes de consumo, pero los equivocados. Estoy convencido que si pueden comprar vino y café, pueden invertir y con la ayuda de un buen asesor, incluso puede aprender a hacer dinero con el ascenso de los precios de bienes de consumo.

Los objetivos de invertir tienen tres partes: crear un fondo de emergencias a corto plazo para cubrir los gastos por un mínimo de seis a doce meses en caso de pérdida de trabajo o enfermedad; así como inversiones a mediano plazo para cosas de gran valor como casas, carros, fondos para la universidad; y a largo plazo para su jubilación. A corto plazo mantenga de tres a seis meses de reservas de emergencia en sus cuentas de la cooperativa de crédito para gastos inesperados. En el caso de las inversiones a mediano plazo, hable con su asesor sobre las opciones de inversión en varios fondos mutuales, donde el impuesto sobre el crecimiento es menor que sobre las cuentas de ahorro regulares.

Hay miles de fondos mutuales e igual cantidad de asesores que los promocionan. Así que ¿cómo puede saber dónde ir o en qué invertir? Además de llevar muchos años trabajando con clientes, he descubierto muchas herramientas eficaces para identificar los mejores fondos.

En primer lugar necesita saber qué es un símbolo de bolsa,

o la palabra en inglés ticker; se trata de una serie de letras que representa a una compañía. Por ejemplo, si busca el precio de Microsoft, el símbolo es MSFT. Si quiere saber el precio actual de Google, busque GOOG y lo encontrará. Casi todos los fondos mutuales que usted tiene ahora o que compre en el futuro tendrán ese símbolo, lo que le ayudará a determinar el rendimiento de sus fondos. Esto también refleja el conocimiento de su asesor, ya sea que trabaje para el banco, sea cautivo o independiente.

Por fortuna hay un excelente recurso que le puede dar indicios de cómo rinde un fondo en particular en relación a los demás fondos del mismo tipo. Vea www.morningstar.com.

Elija un símbolo de su estado de cuenta o solo escriba el nombre de una de sus inversiones donde dice "Quote" (cotice). En todo el sitio descubrirá varios reportes con el rendimiento histórico de su fondo mutual durante los últimos tres, cinco y diez años, los grados de riesgo, las tasas de rendimiento y otros factores. Está escrito en términos fáciles de entender. Morningstar califica fondos mutuales y muchas inversiones con una sencilla escala de uno ★ a cinco ★★★★★.

Si encuentra un fondo de una o dos estrellas en su cartera de inversiones, es hora de que cuestione seriamente a quien lo esté asesorando. Una estrella significa que el gestor "profesional" de inversiones del fondo tiene un desempeño que es 90%

peor que el de otros gestores de fondos similares.

Comience invirtiendo $50 al mes si eso es todo lo que puede. Lo que es más importante es desarrollar el hábito de ahorrar. Su asesor sabrá con qué compañías de fondos mutuales puede empezar con cantidades mínimas. Es un paso pequeño, pero es un paso en dirección a la seguridad financiera.

A largo plazo se presentan diferentes situaciones:

Si está empleado por una empresa, ellos ya hacen retiros automáticos de su pago a un plan de retiro 401(k) en su nombre. Estos "planes calificados" requieren que usted aporte dinero antes de impuestos. Se aplican impuestos hasta que usted retire su dinero cuando se jubile. En ese momento, sus retiros estarán sujetos a pagar los impuestos regulares sobre los ingresos.

Afortunadamente, cuando su empleador hace contribuciones paralelas, eso verdaderamente le puede ayudar a multiplicar su dinero y a aliviar el dolor de los impuestos con los retiros. Si tiene la opción de contribuciones paralelas a su 401(k), asegúrese de aportar la máxima cantidad posible que la compañía iguale, pero también asegúrese de verificar el rendimiento de su plan para garantizar que esté usando las mejores opciones posibles.

Si trabaja de forma independiente, no hay opciones de contribuciones paralelas como con un plan 401(k); por lo que le sugiero use una combinación de lo que describiré a continuación para tener ganancias libres de impuestos cuando se jubile.

Cuenta Individual de Jubilación Roth IRA: En este caso, invierte con dinero después de deducir impuestos para obtener ganancias y distribuciones libres de impuestos. Véalo de esta manera: Un granjero tiene una canasta con semillas. ¿Prefiere pagar impuestos sobre las semillas o la cosecha? Para la mayoría de las personas en Estados Unidos, es mejor pagar impuestos sobre la aportación inicial, o la semilla, en lugar de sobre la cantidad acumulada al momento de jubilación, la "cosecha". De nuevo, con una Roth IRA ni sus ganancias ni su ingreso en la jubilación pagarán impuestos.

La acumulación de efectivo en pólizas de seguro de vida: hay pólizas de seguro de vida que también se pueden usar como refugios tributarios y estrategias de transferencia de patrimonio. El problema más grande con estas pólizas no son las pólizas en sí, sino los agentes que las venden, A menudo estos agentes son "cautivos" de una empresa, lo que puede limitar enormemente su capacidad de ofrecerle la mejor póliza. Si quiere aprender más sobre esta estrategia, busque el libro "The Retirement Miracle" (el Milagro de la Jubilación) de Patrick Kelly.

Así que simplifiquemos el plan para multiplicar y proteger su dinero al mismo tiempo que lo mantenemos fuera del alcance de los bancos.

Enlace su cuenta de cheques de la cooperativa de crédito a

sus cuentas de inversión a mediano y largo plazo y siga el Plan de Diez Pasos.

Capítulo 19

PLAN DE DIEZ PASOS PARA LA SEGURIDAD FINANCIERA

Otra solución al problema de tráfico de este país es aprobar una ley que exija que solo los carros que ya estén pagados usen las autopistas.

–Will Rogers

S iga este plan cuidadosamente y creará una base financiera sólida para su futuro.

Al enseñar este plan a sus hermanos y hermanas, sobrinos y sobrinas, primos y primas, tíos y tías, usted puede cambiar el legado financiero de su familia para siempre.

Enseñe este plan a sus vecinos y amigos para mejorar la estabilidad de los barrios de su ciudad. Vea cómo se estabilizan las familias y cae la tasa de divorcios.

Imparta el conocimiento de este plan en el trabajo y vea como aumenta la productividad a medida que sus colegas salen de deudas y se sienten más optimistas, y al hacerlo, mejoran el futuro financiero de la compañía.

Enseñe este plan a la congregación de su iglesia, sinagoga o mezquita y vea como su comunidad espiritual comienza a prosperar y a liberarse de las deudas.

Enseñe este plan a sus niños en casa y en las escuelas, y así plante las semillas de una generación futura libre de bancos y de deudas.

1. Ya no más tarjetas de crédito emitidas por el banco

Llame al 1-888-5-OPTOUT (1-888-567-8688) y deje de recibir todas las ofertas de tarjetas de crédito preaprobadas por correo. Esto también lo protegerá de que los bancos vendan su información a otros bancos y compañías de crédito.

2. Corte todas las tarjetas de crédito emitidas por su

banco.

Haga pedazos todas esas tarjetas de grandes almacenes y tiendas de construcción y decoración ya que por lo general tienen los cargos y tasas de interés más altos. Si siente que de verdad necesita tener una tarjeta de crédito, solicite una con un límite de crédito de $5-10,000 de su cooperativa de crédito. Solo úsela en caso de emergencia y pague el saldo completo cada mes.

3. Viva libre de deudas

Fíjese la meta de nunca acumular deudas más allá de su hipoteca. En lugar de comprar artículos costosos a crédito, ahorre dinero en fondos mutuales hasta que tenga suficiente para ese carro, esos muebles o ese televisor de pantalla plana nuevos. Esto podría significar vivir más frugalmente, pero gastar más de lo que tiene garantiza una vida de deudas e infelicidad.

4. Encuentre una cooperativa de ahorro y crédito

Visite y compare varias cooperativas. Hay un lugar agradable a la vuelta de la esquina que puede llevar a una relación positiva de por vida. Ahora ya conoce las ventajas y los valores intrínsecos. Unirse a una cooperativa de crédito no solo es una decisión financiera inteligente, sino también una elección inequívocamente moral. Mantenga una cuenta de cheques en una cooperativa de crédito para sus gastos diarios y una de ahorros para emergencias.

Su cooperativa de crédito le ofrecerá tasas de interés mucho mejores para: Préstamos para automóviles

Tarjetas de crédito (si necesita una) Refinanciar las deudas sin cargos o a cargos muy bajos Todo esto en un solo lugar:

5. ¡Despida a su banco!

Cierre todas sus cuentas de cheque y ahorros. Saque su dinero de los CD del banco para buscar utilidades más grandes. Aún con una pequeña multa, puede obtener ganancias de las tasas de ahorro de su cooperativa de crédito, y al invertir en fondos mutuales. Puede hacer que su dinero trabaje arduamente por usted todos los días. Asegúrese de abrir primero sus cuentas con la cooperativa de crédito para una transición sin problemas y eficiente fuera del banco.

6. Contrate a un buen asesor financiero independiente

Asegúrese de que la persona que elija esté allí para representarlo, una persona inteligente, creativa, con un alto sentido de integridad y ética. Los buenos asesores entienden la importancia primordial del ahorro en las estrategias para la generación de riqueza. Ellos pueden hacer que su dinero trabaje por usted, cada hora de cada día.

7. Inicie ahorros para el corto y mediano plazo

Mantenga reservas de emergencia de tres a seis meses en la cooperativa de crédito en caso de gastos inesperados.

Para los ahorros a mediano plazo, invierta en fondos mutuales de elevado rendimiento. Hay muchos fondos que tienen un historial de 10 años de ganancias del 6% o más, lo que —usando la regla del "72"— puede potencialmente duplicar su dinero en 12 años.

8. Fondos de jubilación a largo plazo

Como se analizó en el capítulo anterior, hay planes calificados (como 401(k) e IRA) y no calificados (como Roth IRA) con los que su asesor financiero le puede ayudar.

9. Revise su hipoteca

Hable con su cooperativa de crédito para obtener la tasa más baja posible y si se lo puede permitir, considere un préstamo fijo de 15 años para acelerar el pago por completo. Si un pago más alto está fuera de su alcance, trate de hacer pagos quincenales a su hipoteca en un préstamo de 30 años. Por ejemplo, si su pago es de $1800 al mes, envíe $900 cada dos semanas. Esta sencilla estrategia puede liquidar una hipoteca de 30 años como en 25 (o menos), y ahorrarle una pequeña fortuna en intereses.

Su objetivo principal debe ser no tener ninguna deuda fuera de su hipoteca, y luego, tan pronto como pueda, no tener ninguna deuda.

10. Inscríbase en www.richmanpoorbank.com

Registre su correo electrónico y reciba actualizaciones para accesar otras herramientas financieras que le ayudarán a liberarse de deudas y a darle una mente clara sobre su camino a la independencia financiera.

11. (Opcional) Conviértase en un "peso muerto"

Este paso final no es recomendable para todos, y solo deben considerarlo aquellos que entienden el sistema bancario y tienen un alto coeficiente financiero, junto con gran disciplina económica. Para obtener oficialmente el estatus de peso muerto, usted puede querer obtener una tarjeta adicional de un banco para acumular millas aéreas, pero si lo hace, esto es clave: asegúrese de pagar su saldo completo cada mes. Si recuerdan, un peso muerto es alguien que usa las tarjetas de crédito para aprovecharse del sistema bancario al ganar millas aéreas y premios, al mismo tiempo que no paga ningún tipo de interés a los bancos.

Si aplica los diez pasos, mi promesa a usted es que nunca tendrá que volver a poner pie en la trampa de la matriz de deuda y muy pronto podría encontrarse respirando el aire puro de la independencia financiera.

Capítulo 20

JACK Y ELLEN: PAZ MENTAL

Él ve a todo el mundo de frente porque no le debe a ningún hombre.

–Henry Wadsworth Longfellow

Jack y Ellen llegaron a mi oficina a las 2 en punto un soleado miércoles por la tarde. Con sus regalos de café y galletas en la mano, parecían emocionados de empezar.

"Los dos leímos y volvimos a leer su manuscrito Mark" dijo Ellen.

"Se nos vino una palabra a la mente", prosiguió Jack, "impactante".

"Decir que nos abrió los ojos se queda corto, qué señal de alarma", dijo Ellen.

"Ya abrimos cuentas en nuestra cooperativa de crédito local", agregó Jack.

"¡Y ya echamos a nuestro banco!" finalizó Ellen. Todos nos reímos. "¡Felicidades!" les dije.

Jack añadió "ya cortamos nuestras tarjetas de crédito, llamamos al número para dejar de recibir ofertas de tarjetas de crédito y nos alegra nunca tener que volver a recibirlas".

"Estoy tan contento. De los diez pasos a la seguridad financiera, ya hicieron los pasos uno, dos, cuatro y cinco".

"¿Me puedes recordar cuál es el paso tres?" preguntó Jack. "Fijarse metas para vivir libre de deudas".

Hubo un breve momento de silencio.

"Supongo que tendré que ir pagando nuestra deuda con los años. Me imagino que lograremos salir del hoyo que nosotros mismos cavamos", suspiró Ellen.

"Ya lograron el paso seis, Ellen. Ya encontraron un gran asesor", le dije con una sonrisa.

Ellen me miró tristemente. "¿Hay algo que puedas hacer?"

"Tengo unas cuantas recomendaciones que tal vez encuentren útiles". Les entregué a ambos una sola hoja con los detalles principales del plan que preparé para ellos.

"Somos todo oídos", afirmó Jack.

"Además de su hipoteca, tienen $22,385 en deudas de tarjetas de crédito con un promedio de 20% de interés y hacen pagos de alrededor de $750 al mes. La buena noticia es que el Prius de Ellen ya está pagado y vale como $20,000. Les sugiero que tomen un préstamo de $20,000 de su cooperativa de crédito, lo amorticen con el valor de su carro para pagar la deuda de su tarjeta de crédito de altos intereses. Sus dos vehículos son bastante nuevos con millaje bajo así que deberían calificar para el préstamo. Usen los $20,000 del préstamo de la cooperativa para pagar sus tarjetas de crédito. Dadas sus historias de trabajo y gran crédito, creo que podrían obtener este préstamo y ahorrar $325 en intereses cada mes."

"¿De verdad" preguntó Ellen.

"Sí" le contesté. "Les sugiero que paguen todas sus deudas de tarjetas de crédito con alto interés con este préstamo sobre el auto de Ellen de muy bajo interés de la cooperativa. Les queda $2,385 en deuda de tarjetas de crédito pero lo pueden pagar con solo una pequeña fracción de sus ahorros.

El siguiente paso es refinanciar el préstamo del auto de Jack en la cooperativa de crédito y reducir la tasa de interés. Con un préstamo de tres años, calculo que su pago será de $286, lo que es menos que los $465 al mes actuales.

Todavía tendrán un préstamo para automóvil de $20,000 para el Prius de Ellen, pero con la tasa de interés más baja, en su préstamo de 5 años, su pago total será de alrededor de $350 al mes, y lo más importante es que habrán eliminado sus deudas de tarjetas de crédito de altos intereses. Según mis cálculos, como en cinco años, fuera de su hipoteca, estarán libres de deudas".

Luego agregué, "si suman todo desde reducir las tasas de interés y los pagos, se estarían ahorrando como $579 al mes".

"¡Ahorrarnos $579 al mes! No tiene idea lo que eso significa para nosotros Mark". La voz de Ellen reveló lo conmovida que se sentía.

Ella prosiguió. "Y podemos poner los $7,200 de los CD del banco en un excelente fondo mutuo para multiplicarlos hasta que los niños estén listos para ir a la universidad".

"Todavía no he terminado Ellen. ¿Empezamos a hablar de los pasos siete y ocho?"

"¿Deberíamos mantener $15,000 depositados en la cuenta de ahorro de la cooperativa de crédito para emergencias inmediatas, verdad?" preguntó Jack

"Perfecto", contesté, "es un gran inicio con el paso siete, que si recuerdan, es para cubrir de tres a seis meses de ingresos en caso de enfermedad, pérdida de trabajo, o eventos inesperados como esos. Tienen como $20,000 en ahorros y CD que sugiero transfieran a una cooperativa de crédito, después de que paguen el resto de sus deudas de tarjetas de crédito. Entonces serán completamente libres de deudas de alto interés. ¿Qué les parece?"

Ellen sonrió, "desearía haberlo conocido hace cinco o diez años. No tener deudas de tarjetas de crédito se sentiría increíble", respondió Ellen.

"Estoy de acuerdo", añadió Jack.

"Pero recuerden, no tienen que mantener todos sus ahorros sin hacer nada en la cooperativa. Incluso en esa institución, que como saben admiro, su dinero no se multiplica tanto como puede. Así que les recomiendo que transfieran aproximadamente $8,800 a fondos mutuales altamente conservadores. Tienen tasas de rendimiento históricas bastante respetables de alrededor del 6% y los impuestos aplicables pueden ser más bajos que los de su cuenta de ahorro".

"Eso es mucho mejor que el .05% de los bancos". "Exactamente. Al emplear la regla del 72, su dinero tiene el potencial de duplicarse cada doce años. Y si continúan haciendo aportaciones mensuales de $200 como lo han venido haciendo con el banco, tienen una verdadera oportunidad de crear reservas muy grandes.

Así que si siguen el programa y se repite la historia, sus fondos mutuales valdrán alrededor de $60,000 en tan solo 12 años. Además, su dinero que estaba sin hacer nada en el banco habrá ganado alrededor de $22,000. Eso es dinero trabajando duro por usted, en lugar de que ustedes trabajen arduamente para el banco. Y recuerden, lo que necesiten de sus fondos mutuales se puede transferir electrónicamente sin cargos a su cuenta de la cooperativa de crédito en tres días hábiles.

Como puedes ver Jack, muchas personas piensan que se están pagando primero a ellos mismos cuando ahorran dinero en el banco, pero en realidad le están pagando primero al banco, no a ellos mismos".

"Me doy cuenta ahora" agregó Helen. Estaba completamente concentrada en el documento que le había entregado. "¿Empezamos a hablar de nuestras metas de jubilación?"

"Por supuesto, pero ¿tienen alguna pregunta hasta ahora?"

Proseguí ya que no hubo preguntas. "Jack, cuando te jubiles, tendrás que pagar impuestos regulares sobre los ingresos en todas tus distribuciones de IRA; yo te sugiero que no hagas más aportaciones y transfieras el dinero a una cuenta Roth IRA. Si haces contribuciones de $5,500 al año, con un interés del 10% de ganancia, tu inversión se multiplicará hasta más allá de $1,000,000 cuando te jubiles. Y recuerda, las cuentas Roth IRA te proporcionan ingresos de jubilación libres de impuestos".

"Eso suena fantástico", Jack dijo, pero ¿qué pasa con el plan 401(k) de Ellen?"

"¿Ellen, sabes cuál es la contribución paralela que ofrece el hospital para tu plan?"

"Sí" lo sé. Creo que igualan mi aportación hasta el primer 3%. ¿Sugieres que mantenga esa tasa?"

"Sí Ellen, esa contribución de verdad puede ayudar a hacer crecer tu fondo de jubilación. Ahora exploremos crear una cuenta Roth IRA para ti también, al mismo tiempo que continúan eliminando deudas. Lamentablemente, muchos estadounidenses aportan todo su dinero para la jubilación a planes 401(k) y cuentas IRA, lo que hace que el Tío Sam sea su socio comercial de por vida.

Ellen, también sugiero que revisemos las opciones disponibles en su plan 401(k) para asegurarnos que estás eligiendo las mejores inversiones de los fondos disponibles".

"No hay problema", respondió Ellen, "podemos revisar eso en mi último estado de cuenta".

"Ahora, ningún plan financiero está completo sin revisar sus opciones de seguro de vida y en este momento la póliza de seguro de vida a 30 años de Jack caducará cuando cumpla 58 años. Así que les sugiero que suplementen su póliza con seguro permanente con un beneficio por muerte de $250,000. Este tipo de póliza se conoce como Seguro de Vida Universal Indexado, o IUL por sus siglas en inglés, y no solo lo asegurará por el resto de su vida, sino que también, si aporta un exceso de fondos, le puede proporcionar ingresos de jubilación adicionales libres de impuestos. Como les mencioné en mi libro, es importante que encuentren un agente que represente su mejor interés en lo que se refiere a seguros permanentes, ya que muchos se ven limitados a pólizas de mala calidad que se conocen como seguros de vida entera. Y muchos de esos agentes son cautivos de las compañías para las que trabajan.

"Yo aporto a un IUL, así como también a una póliza llamada Seguro de Vida Universal Variable, o la sigla en inglés VUL. Una póliza variable simplemente quiere decir que yo elijo los fondos mutuales en los que invierto. Y con las opciones de inversión adecuadas, tengo el beneficio de crecimiento sólido en mi póliza, al mismo tiempo que no pago impuestos a medida que mi dinero se multiplica".

"Increíble", exclamó Ellen.

"A mis clientes les va a encantar esto", agregó Jack. "Pienso que ahora que tendremos un flujo de efectivo adicional, puedo aportar al máximo a mi Roth IRA e incluso puedo comenzar una IUL".

"Eso es exactamente lo que les estoy sugiriendo", les dije. "Y una cosa más sobre las IUL: el dinero que acumulan en su póliza está garantizado contra pérdidas, al contrario de un 401(k) o Roth IRA. Tienen todo por ganar y nada por perder".

¿Por qué nunca hemos oído de esto? preguntó Ellen.

"La gente rica conoce muy bien todo esto, pero no pueden usar cuentas Roth IRA debido a restricciones de ingresos. Por eso usan los seguros para proteger su dinero de los impuestos. Una póliza IUL no es para todos, pero creo que es apropiado para ustedes."

Les explique otros detalles de la póliza, costos, cargos por cancelación, garantías y otros beneficios. Tanto Jack como Ellen estaban impresionados.

"Ya nos inscribimos en su sitio web para seguir aprendiendo más de cómo administrar nuestro dinero", comentó Ellen, "así que ya cumplimos con el paso 9".

"Es hora de hablar del paso 10, su hipoteca: un préstamo fijo de 30 años de su banco. Están pagando $3,350 al mes y les quedan 19 años, con las tasas actuales de interés hipotecario y sus puntajes crediticios casi perfectos, están pagando demasiado interés". Hice un cálculo simple.

"Les queda $391,000 por pagar y están pagando $2,000 al mes solo en intereses. Francamente, creo que la cooperativa de crédito puede refinanciar su hipoteca y bajar su tasa de interés. Al refinanciar su hogar con una hipoteca fija de 15 años, es muy probable que podamos ahorrarles cerca de $1,000 por mes en intereses, no solo bajarán sus pagos, terminarán de pagar su casa antes. Si combinan los $400 que ahorran al eliminar las deudas de tarjetas crédito con intereses altos, los $179 de reducir las tasas de interés del préstamo para el carro de Jack y el pago reducido de su hipoteca, tendrán como $1,000 en flujo adicional de efectivo cada mes. "Hemos estado en su oficina 35 minutos y nos acaba de ahorrar más de $12,000 al año en intereses y $1,000 al mes en flujo de efectivo extra. Mark... No tienes idea lo que eso significa para nosotros". Ellen apenas podía contener las lágrimas. Jack le puso la mano sobre el hombro. "Ahora tenemos un plan, sentido de dirección, después de tantos años luchando con las deudas. Ya no más noches de insomnio".

"Jack, Ellen, me da muchísimo gusto. De verdad". Y lo dije de corazón. "Nos vamos a reunir un par de veces más. Hay papeleo y solicitudes que llenar, llamadas y reuniones con su cooperativa de crédito, y tal vez llamar a la compañía de su plan 401(k), pero creo para fin de mes ya lo tendremos todo listo".

Jack y Ellen se pusieron de pie. Parecía como que se les hubiera quitado un gran peso de los hombros. Les agradecí una vez más y se fueron.

Mi café seguía tibio. Despejé mi escritorio, me senté en mi silla y reflexioné sobre mi propio camino para salir de deudas y los errores que cometí cuando hacía caso de los consejos de los bancos. Me hubiera servido tanto si alguien me hubiera guiado a la dirección correcta, lejos de los bancos hace muchos años.

Capítulo 21

EN
CONCLUSIÓN

Muchas personas cometen el error de creer que todos los problemas de su vida desaparecerían si tuvieran suficiente dinero, nada podría estar más lejos de la verdad. El solo hecho de ganar dinero rara vez libera a las personas. Es igualmente ridículo decirte a ti mismo que mayor libertad financiera y dominio de tus finanzas no te ofrecería mayores oportunidades de expandirte, compartir y crear valor para ti mismo y los demás.

–Anthony Robbins

Cuando los megabancos colapsaron en 2008 y 2009, el gobierno los rescató en nombre de salvar trabajos y proteger la economía de una depresión más extensa. Los bancos estaban muy agradecidos ya que generaron ganancias récord después del rescate. Le prometieron al pueblo estadounidense que les darían más crédito y préstamos, pero ocurrió exactamente lo contrario. Lo que hicieron fue despedir a miles de personas y comenzaron a aumentar las tasas de interés de las tarjetas de crédito, sin importar el puntaje o historial crediticio de las personas.

Los bancos se sienten evidentemente invencibles, con la creencia de que el pueblo no tiene el poder de hacer nada contra ellos. Y este ha sido el caso en el pasado, con muchos de nuestros funcionarios electos que han sido asesores de los bancos más importantes.

Tomaría extraordinaria valentía de nuestro presidente (quien sea que esté en el poder cuando lea este libro) para liderar a los estadounidenses con el mensaje "dejen de gastar lo que no tienen y salgan de deudas". Pero ¿cómo puede venir este consejo de un gobierno que gasta miles de millones que no tiene?

Dado que es poco probable que el gobierno inspire este cambio imperativo en la mentalidad de cómo manejamos el dinero, la responsabilidad de liberarnos de deudas y asegurar la independencia financiera está directamente en sus manos y en las mías.

Escribir un libro sobre el sector de la banca ha sido mi prioridad estos últimos cuatro años. Crear mi propio negocio de educar y ayudar al mayor número de familias posible ha hecho de esta aventura un largo proceso. Pero el momento no podría ser más propicio, liberar a las personas de los bancos y las deudas se ha convertido una verdadera pasión para mí.

Las palabras del grupo musical Crosby, Stills and Nash: "enséñale bien a tus hijos" son universales y animo a todos los lectores de este libro a que hagan lo mismo. El mensaje a continuación es claro y simple.

Siempre he tenido una pasión de compartir con los niños lo que he aprendido. He sido bendecido con una gran vida llena de felicidad y éxito, porque tuve la fortuna de contar con padres maravillosos. Me alentaron a ser honesto y siempre traer integridad y ética a todo lo que hago. Aprecio esas lecciones mucho más que cuánto dinero teníamos o no. El dinero que se gana sin ética ni integridad lleva a una vida de miseria e infelicidad.

He descubierto que vale la pena hablar sobre el poder que tiene con qué personas nos asociamos. Está claro que quiénes son los amigos de sus hijos afectará profundamente sus futuros. Esto es importante en la vida adulta. De hecho, nos convertimos en las cinco personas con las que más nos asociamos. "Muéstrame quiénes son tus amigos y te mostraré tu futuro" es muy cierto y afecta grandemente cómo avanzamos positivamente en nuestras vidas financieras.

Si sus amigos más cercanos creen que el dinero es la raíz de todo mal, lo más seguro es que usted no acumule nada y corra el riesgo de convertirse en su esclavo. Por otro lado, si pasa tiempo con personas exitosas, se sentirá inspirado y motivado a hacer lo mismo.

En las palabras de Warren Buffett: "Es siempre mejor pasar el tiempo con gente mejor que tú. Escoge asociados cuyo comportamiento es mejor que el tuyo e irás en esa dirección".

En este sentido, encontrar un mentor es invaluable.

He tenido la ventura de haber conocido muchos hombres y mujeres que han acumulado grandes fortunas sin tener que haber sacrificado sus valores para hacerlo. He elegido a esas personas como mis mentores de negocios. Ellos tenían muy claro que el único camino para disfrutar su riqueza era a través de la honestidad en toda transacción. Nunca hicieron excepciones ni fingieron disimulo para hacer unos cuantos dólares más. Les debo mucho a esos hombres y mujeres y seguiré compartiendo su sabiduría con todos los que conozco.

He pasado más de trece años estudiando casi exclusivamente este tema, y hoy, puedo decir finalmente que de verdad entiendo cómo funciona el dinero. Y he asumido el compromiso de nunca dejar de aprender.

Mi deseo más sincero es que lo que aquí leyeron les resulte útil para encontrar la libertad financiera en su vida y las de su familia y amigos.

[1] *Nota del Traductor: En inglés Money Mark se presta a un juego de palabras con muchos sentidos, literalmente tiene el sentido de "marca de dinero" y también puede se puede usar para significar Mark el adinerado.*